MW01710238

Le Livre de Poche

Jeunesse

L'ÉTÉ OÙ TOUT LE MONDE EST TOMBÉ AMOUREUX

MARJALEENA LEMBCKE

RETIRÉ DE LA COLLECTION
DE LA
BIBLIOTHÈQUE DE LA VILLE DE MONTRÉAL

L'ÉTÉ OÙ TOUT LE MONDE EST TOMBÉ AMOUREUX

BIBLIOTHÈQUE
J-Frontenac
VILLE DE MONTRÉAL
4429
M-23
2

Traduit de l'allemand
par Marie-Claude Auger

HACHETTE
Jeunesse

L'édition originale de cet ouvrage
a paru en langue allemande
chez Nagel & Kimche (Suisse)
sous le titre
DER SOMMER ALS ALLE VERLIEBT WAREN.

© Verlag Nagel & Kimche AG (Zürich Frauenfeld), 1997.
© Hachette Livre, 1998 et 2003 pour la traduction française.
43, quai de Grenelle, 75015 Paris.

Pour Marko et Sabine

1

Le nouveau

« Aujourd'hui, j'ai fait la connaissance d'un professeur d'université ! ai-je lancé fièrement en arrivant à la maison.

— Je me demande bien ce qu'un tel monsieur viendrait faire dans une petite ville comme la nôtre ! m'a fait remarquer Mouma, ma grand-mère. Nous n'avons pas d'université, que je sache !

— Il enseigne dans notre école, et dans ma classe en plus !

— Alors, ce n'est pas un vrai professeur d'université. Sinon, il ne viendrait pas faire la classe à des enfants de douze ans !

— Parce que tu penses qu'avec un titre pareil, on est condamné à rester toute sa vie enfermé dans une université ? » ai-je répliqué, légèrement troublée.

En fait, nous ne savions ni l'une ni l'autre ce que ce titre signifiait exactement. Mais ma grand-mère était sûre d'une chose : chez nous en Finlande, un professeur d'université enseigne à l'université et nulle part ailleurs.

« Que viendrait-il faire dans un collège ? »

C'est un peu comme si on lui avait annoncé que le cuisinier en chef du restaurant quatre étoiles de la ville s'était recyclé chez McDonald !

« Mais c'est son fils qui me l'a assuré ! ai-je précisé.

— Et tu le crois ! Regarde, Matti par exemple, il a sûrement déjà raconté à ses copains que son père était un célèbre boxeur, alors qu'il n'a jamais touché de gants de boxe de sa vie !

— Mais je te jure qu'on voit tout de suite que c'est le fils d'un grand professeur.

— Ah bon ! Et peux-tu m'expliquer à quoi tu vois cela ?

— Il ressemble à un professeur miniature, si tu

aimes mieux. Quand il a dit son nom, il a déclenché un chahut général dans la classe. Tu ne devineras jamais comment il s'appelle !

— Pas la peine, puisque tu vas me le révéler ! » a objecté Mouma en riant.

Mais je n'ai pas eu le temps de continuer car maman a appelé grand-mère qui s'est empressée de monter la rejoindre au premier étage.

Dans la cuisine, j'ai fait une provision de petits gâteaux, puis je suis allée m'installer dans l'unique fauteuil du salon et j'ai mis un CD pour pouvoir rêver en toute tranquillité.

Mais le professeur et son fils venaient sans arrêt interrompre ma rêverie.

M. Rantala était un homme grand et fort. Il marchait très droit, et lentement, comme s'il réfléchissait toujours avant de faire un pas. Ses lunettes en écaille avaient des verres presque rectangulaires. Je lui trouvais un regard légèrement moqueur, mais c'était une impression personnelle. Je n'en avais pas encore parlé avec les autres. Sauf avec Laura, qui le trouvait très distingué.

Quant au fils, il n'était pas très costaud mais, dans la cour de récréation, il était très agile et hyper rapide. Il portait des lunettes, lui aussi, mais avec des verres ronds et une fine monture dorée. Moi, je trouvais ça normal qu'il porte des lunettes, comme son père ! Dans ma famille, en revanche, personne n'avait besoin de lunettes. Sauf ma grand-mère ! À cause de son âge.

Je me demandais quel surnom, dans la classe, les autres allaient donner à ce garçon. Sûrement quelque chose comme « le binoclard » ou « l'intello ». Il fallait absolument lui trouver un surnom. Même s'il avait déjà cinq prénoms. Et quels prénoms ! Ou justement à cause de cela.

Comme il était nouveau dans la classe, Mme Soïma, notre professeur principal, lui avait demandé de se présenter. D'habitude, les nouveaux se lèvent, regardent le prof, disent leur nom en vitesse et se rassoient aussitôt.

Mais lui, il est allé sur l'estrade, devant le tableau, et a déclaré :

« Je m'appelle Gustaf, Nikolei, Aleksis, Juhani, Aaro Rantala. »

Mme Soïma s'est mordu les lèvres pour ne pas s'esclaffer. Nous, nous n'avons pas pu nous retenir. Couchés sur nos pupitres, nous riions comme des bossus. Quant à Gustaf, Nikolei, Aleksis, Juhani, Aaro, toujours sur l'estrade, il souriait.

Soudain, la prof a donné un grand coup de règle sur son bureau en déclarant :

« Cela suffit maintenant ! Taisez-vous ! »

Et elle s'est tournée vers le nouveau.

« Dis-moi, tu as beaucoup de prénoms. Lequel veux-tu que nous choisissions pour l'école ?

— Je les aime tous, mais vous pouvez m'appeler Juhani si vous voulez. »

Mme Soïma nous a foudroyés du regard pour éviter que le chahut ne reprenne.

Comment pouvait-on aimer des prénoms pareils ? Je les ai griffonnés dans un coin de mon cahier. Cela nous aiderait peut-être à lui trouver un surnom.

Gustaf, Nikolei, Aleksis, Juhani, Aaro a ajouté sans se démonter :

« Mon père, le professeur Rantala, va enseigner le finnois dans cette école. »

Nous l'avons bien observé. Il n'avait pas l'air arrogant et sa voix était tout à fait normale. Pas du tout comme la mienne quand je raconte que mon père a gagné un tournoi de tennis ni comme celle de Sirkka quand elle déclare que son père est directeur de banque !

Après cela, nous avons eu du mal à nous concentrer sur le cours de Mme Soïma. Heureusement, elle s'est contentée de nous poser des questions de vocabulaire. Pendant le cours,

Sirkka m'a fait passer un morceau de papier sur lequel elle avait écrit :

Tu le trouves bien ?

Je me suis tournée vers le nouveau pour mieux le détailler. Il avait des épaules étroites, des cheveux blonds et fournis, le front large. Derrière ses lunettes, ses beaux yeux bleu-vert pétillaient de vivacité. Son nez était droit, sa bouche bien dessinée. Il avait un petit menton, mais dans l'ensemble, oui, il me plaisait plutôt.

En guise de réponse, j'ai fait à Sirkka un signe de tête auquel elle a répondu de façon identique. Puis j'ai transmis le papier à ma voisine qui l'a lu et a fait oui de la tête avant de le donner à la suivante. Et ainsi de suite.

Résultat : huit réponses affirmatives et douze négatives !

Les garçons aussi ont fait circuler un morceau de papier. Après l'avoir lu, la plupart d'entre eux ont hoché la tête. À la récréation, je me suis débrouillée pour apprendre ce qu'il y avait de marqué dessus. Leur question était :

Tu le trouves débile ?

Presque tous avaient répondu oui. Il n'allait pas avoir la vie facile !

Son père, en revanche, nous inspirait tant de respect que nous n'aurions pas su dire si nous l'aimions ou pas. Il s'est présenté très simplement et il nous a expliqué qu'il regrettait de commencer ses cours si peu de temps avant les grandes vacances.

« Ces quelques semaines nous laisseront à peine le temps de faire connaissance, a-t-il ajouté, mais pour gagner du temps, je vous ferai écrire une rédaction dès demain. Maintenant, vous allez me dire vos noms. »

Nous nous sommes levés à tour de rôle. Sauf son fils bien sûr. Il n'allait quand même pas se présenter à son propre père !

2

Mon frère est amoureux

Ma mère a fait irruption dans le salon, un mètre de couturière à la main. Son regard distrait m'a effleurée avant de se poser sur les rideaux. Puis elle est allée baisser le son de la chaîne en disant :

« On peut rêver sans mettre la musique aussi fort !

— Je ne rêvais pas. Je pensais à notre nouveau prof et à son fils.

— Quelle idée ! Un nouveau prof à cette époque ! C'est bientôt les grandes vacances ! »

J'ai soupiré mais j'ai décidé de ne pas m'énerver.

Elle est tellement étourdie ! Je lui avais déjà raconté, bien sûr, que notre professeur de finnois avait été hospitalisée et qu'elle allait être remplacée. Je lui ai lancé :

« C'est un professeur d'université !

— Qui ça ? a-t-elle demandé tout en continuant de mesurer ses rideaux.

— Le remplaçant de Mme Virta ! Il vient de l'université ! ai-je répété à voix haute, très lentement et en insistant sur chaque syllabe.

— C'est intéressant ! mais, dis-moi, que penses-tu de rideaux jaunes pour les enfants ?

— Pour quels enfants ? » ai-je demandé, tout en sachant exactement à quoi elle faisait allusion.

Depuis des mois, en effet, elle ne parlait plus que de ça. Ma mère s'est alors tournée vers moi et m'a regardée en haussant les épaules. Elle voyait bien à ma tête que j'avais décidé de l'embêter. Mais elle a fait semblant de ne pas le remarquer et a continué de noter des mesures sur du papier quadrillé qui ressemblait à s'y méprendre à une page d'un de mes cahiers.

« J'espère que tu n'as pas arraché cette feuille dans mon cahier ?

— Bien sûr que non, me rassura-t-elle en riant.

Je l'ai prise dans un de ceux de Matti, il ne les finit jamais !

— Tu sais qu'il est amoureux ?

— Ça m'étonnerait ! a-t-elle rétorqué en secouant la tête. Je ne peux pas imaginer une chose pareille ! »

Alors j'en ai déduit qu'elle devait être trop vieille pour s'imaginer ce que c'est que d'être amoureux. Elle avait déjà trente-quatre ans !

J'ai éteint la chaîne et je suis montée. J'ai essayé d'entrer dans la salle de bains mais la porte était verrouillée.

« Quel est l'idiot qui a fermé ? ai-je rouspété en frappant.

— Qu'est-ce que tu veux ? a grogné Matti.

— J'ai envie d'aller aux toilettes !

— Va en bas !

— Tu en as encore pour longtemps ?

— Laisse-moi tranquille ! »

J'ai attendu derrière la porte. Je préfère aller aux toilettes dans la salle de bains. Il y a une grande glace et je dois regarder au moins une fois par jour si j'ai des boutons. Matti, lui, en a plein.

Quand il est enfin sorti, j'ai tout de suite remarqué le sparadrap qu'il avait au-dessus de la lèvre.

« Berk ! Tu as encore tripoté tes boutons !

— Je me suis rasé la moustache ! » m'a-t-il rabrouée, vexé.

Il parlait d'une drôle de voix rauque, presque inaudible, comme s'il avait des pommes de terre brûlantes dans la bouche.

« Quelle moustache ? » ai-je demandé en riant avant de disparaître dans la salle de bains.

Moi, je n'avais pas le moindre petit bouton, pas de moustache, ni la voix rauque ! Je n'avais pas encore de poitrine ! Par chance ! Bref, j'étais toujours pareille ! Tandis que Matti, on avait l'impression de le voir changer un peu plus tous les jours. Mais il était âgé de quatorze ans, et puis, c'était un garçon ! Entre un garçon et une fille, il y a beaucoup de différences ! Avec un peu de chance, il ne m'arriverait rien de si terrible. Je n'aurais pas de boutons, pas la voix rauque, je n'aurais pas de poitrine et je ne tomberais pas amoureuse. Et surtout, je n'aurais pas un nez comme celui de Matti ! Celui-ci, en effet, grossissait à vue d'œil et se déformait de jour en jour ! J'imaginais mon frère tous les matins devant la glace en train d'assister à la métamorphose de son nez dès qu'il ébauchait un sourire, une grimace ou haussait les sourcils. Pauvre Matti ! Il avait aussi des problèmes avec ses cheveux qui devenaient très vite gras. Mais quand il les lavait, ils étaient électriques et se dressaient sur sa tête, le faisant ressembler à un hérisson. Alors il se mettait du gel. Résultat : ses cheveux redevenaient aussi gras qu'avant le shampooing ! Encore une chance qu'il n'ait pas encore de moustache ! Sinon, il serait vraiment abominable !

« Tu en as encore pour longtemps ? »

Matti tambourinait à la porte de la salle de bains. J'ai ouvert, je l'ai regardé d'un air compatissant et je l'ai laissé entrer. Il avait son tube de gel à la main. Il allait sûrement passer encore une heure à mettre ses cheveux en forme devant la glace, tandis que son nez, au contraire, ne cesserait de se déformer. Quelle chance j'avais d'être une fille et de ne pas avoir quatorze ans ! Avec une petite poitrine, encore, je pourrais me débrouiller. J'aurais toujours la possibilité de la dissimuler sous de gros pulls. Évidemment, l'été, ce serait un peu dur mais je m'y ferais ! En tout cas, j'étais sûre d'une chose : je ne porterais jamais de soutien-gorge ! Ceux de ma mère me faisaient penser à des instruments de torture !

Je suis partie faire mes devoirs tout en me demandant quel genre de rédaction M. Rantala nous donnerait le lendemain. Jusque-là, notre prof nous avait toujours proposé sept sujets au choix pour que tout le monde trouve un thème qui lui convienne. Mais peut-être que le nouveau nous en imposerait un seul. C'était peut-être habituel à l'université ! J'étais à la fois inquiète et impatiente d'être au lendemain. J'adorais les rédactions !

3

La fille la plus mignonne de la classe

Pendant le dîner, on a tout le temps parlé de lits, de rideaux et de vaisselle. Enfin, plus exactement, maman en a parlé et papa s'est contenté d'exprimer par des signes de tête s'il était d'accord ou pas.

Grand-mère, quant à elle, remuait les lèvres en silence, et, comme nous la connaissons, nous savions qu'elle n'approuvait pas les projets de maman. Mais elle ne voulait pas se mêler de ce qui ne la regardait pas. Aussi se contentait-elle de ces « remarques » silencieuses, en faisant la moue pour que tout le monde sache ce qu'elle pense sans avoir besoin de le dire tout haut.

Matti et moi, nous étions plutôt sceptiques. Quand on a déjà trois garçons et une fille, ouvrir un jardin d'enfants dans son propre salon, c'est plutôt une drôle d'idée. Mais maman trouve toujours ses idées géniales et, quand elle a décidé quelque chose, en général, elle va jusqu'au bout ! Nos doutes ne l'intéressaient pas ; même papa n'avait pas son mot à dire.

« J'aurais besoin d'un peu plus d'argent, a annoncé maman.

— Mais l'aménagement du salon va déjà coûter très cher ! a fait remarquer papa.

— Une fois que ça marchera, nous serons largement remboursés !

— Dans une petite ville comme la nôtre, a marmonné Matti, ça ne prendra jamais. Ici, les femmes ne mettent pas leurs gamins dans des jardins d'enfants !

— Et tu sais pourquoi ? Parce que ça n'existe pas chez nous, je fais un travail de pionnière en quelque sorte ! » a fièrement rétorqué maman.

Moi, je me disais que c'en était fini des rêveries et de la musique dans le salon. Désormais, ce qui m'attendrait en rentrant de l'école, ce seraient des cris, des pleurs et des grincements de dents ! Et du bruit pour le reste de la journée !

Oskari et Tuomo, en revanche, étaient ravis à l'idée qu'il y ait encore plus de monde à la maison. Ils avaient décidé de faire la sieste dans les lits superposés du salon, avec les autres enfants.

« Et, évidemment, j'aurai besoin d'aide, a ajouté maman.

— Mais je suis là ! a protesté Mouma.

— Tu as déjà assez à faire ! J'ai besoin de quelqu'un qui puisse courir derrière les enfants. Quelqu'un de jeune, sur qui je puisse compter.

— Des jeunes sur qui on peut compter, ça n'existe plus aujourd'hui ! a fait observer Mouma d'un air moqueur.

— À quel genre de personne penses-tu ? se risqua papa.

— Je pense à une cuisinière », a annoncé maman en regardant Mouma d'un air provocant.

À ces mots, celle-ci s'est levée et a filé dans la cuisine.

« Cette fois, tu l'as vexée à mort ! ai-je lancé à maman, c'est toujours grand-mère qui fait la cuisine et elle la fait très bien !

— Mais ce serait trop de travail pour elle, vous

ne vous rendez pas compte, quatre, cinq ou six enfants de plus à nourrir !

— Combien ? nous sommes-nous écriés en chœur, Matti et moi.

— Il faut bien que je rentabilise mon investissement ! Je peux tout à fait garder six enfants de plus à la maison dans la journée. Je vais procéder de la manière suivante : le matin, je commence par leur faire prendre le petit déjeuner, ensuite je joue avec eux jusqu'au déjeuner. Après déjeuner, c'est l'heure de la sieste. Après la sieste, je les occupe encore un peu avant que les mères ou les pères viennent les chercher.

— Tu n'as jamais joué avec nous toute la matinée quand nous étions petits, lui ai-je fait remarquer.

— Tu ne joues pas non plus avec nous, a ajouté Oskari.

— Je n'ai jamais eu le temps ! J'ai toujours été trop prise ! Et si je fais cela aujourd'hui, c'est également pour vous. Ce sera mon travail, de jouer avec les enfants dont les mères travaillent à l'extérieur. Et, en échange, je serai payée ! Donc vous en profiterez aussi ! a expliqué maman.

— On peut toujours rêver ! a marmonné Matti.

— Vous pourrez aussi m'aider ! »

Nous nous sommes regardés en haussant les épaules. Jusque-là, personne n'était encore inscrit.

« Si on allait voir les lapins ? m'a proposé Matti, ils ont peut-être fait des petits ! »

Comme nous nous dirigions vers le clapier, il m'a posé la question :

« Tu connais une certaine Sirkka ?

— La fille de ma classe ? »

Il m'a fait signe que oui, et moi, j'ai levé les yeux au ciel en soupirant. Question idiote. Évidemment que je connais les filles de ma classe. Les garçons aussi d'ailleurs.

« Qu'est-ce qu'elle a ?

— Je la trouve plutôt bien ! a-t-il déclaré en rougissant.

— C'est sûr ! C'est la fille la plus mignonne de la classe.

— Et à part ça, elle est comment ? » a continué Matti d'une voix plus rauque que jamais.

J'ai eu un affreux pressentiment ! Il était amoureux de cette fille-là ! Elle était hyper jolie, de plus, son père était directeur de banque et tous les garçons de la classe étaient amoureux d'elle. Et puis elle était très forte à l'école, elle faisait de la danse, du piano et de l'équitation. Pauvre Matti ! Lui, tomber amoureux d'une fille pareille ! Pourquoi pas d'une vraie princesse pendant qu'il y était ?

« Bof ! ai-je lancé négligemment. Elle est assez sympa.

— Je m'en doutais », a bredouillé Matti, et sur ses joues, ses boutons se sont mis à briller comme autant de minuscules pommes d'amour.

Nous avons contemplé les bébés lapins en silence. Quatre nouveau-nés à la peau bleutée, allongés à même la paille. La lapine était à l'autre extrémité du clapier et grignotait une carotte sans se soucier de sa progéniture. Quant au lapin, dans le clapier voisin, il faisait un bruit d'enfer, comme s'il voulait absolument aller admirer ses petits. Matti a attrapé la lapine par les oreilles et l'a secouée énergiquement en disant :

« Va t'occuper de tes petits au lieu de t'empiffrer toute seule dans ton coin ! »

Moi, je les ai recouverts avec de la paille pour qu'ils n'aient pas froid.

« Les lapines ne sont pas de bonnes mères, m'expliqua Matti, il arrive même qu'elles mangent leurs lapereaux.

— Ça m'étonnerait. D'abord elle a suffisamment à manger, et puis les lapins ne sont pas carnivores !

— La vie est cruelle, voilà tout !

— Quelle vie ?

— Ah ! a-t-il soupiré. La vie en général, la vie des animaux, la vie des humains et tout le reste.

— Tout n'est pas cruel. La vie des plantes, la vie des pierres, de l'eau et du ciel, n'est pas cruelle.

— Les plantes, les pierres, l'eau et le ciel ne ressentent rien. La vie n'est cruelle que quand on ressent quelque chose », a-t-il soupiré de nouveau.

J'ai glissé ma main dans la sienne. Je le comprenais. Quand un garçon avec un nez pareil, qui grossit et se déforme de jour en jour, tombe amoureux d'une fille tellement belle que tout le monde en est amoureux, il doit avoir le sentiment que la vie est bien cruelle.

« Tu devrais te laver le visage tous les matins et tous les soirs avec du savon de Marseille, lui ai-je conseillé. C'est ce que Laura a fait quand elle a eu deux boutons, et après ça, ils ont disparu.

— Quand ma barbe poussera, on ne les verra peut-être plus ! »

Je m'imaginais alors son visage, son cou et ses bras se couvrant de poils jusqu'à ce qu'il devienne velu comme un gorille ! Et je me figurais la gracieuse Sirkka prenant ses jambes à son cou, effarée à la vue de ce monstre poilu. Mais je me suis contentée de faire observer :

« Ça, c'est sûr, quand ta barbe aura poussé, on ne verra plus tes boutons. »

Matti m'a adressé un sourire plein de gratitude, a lâché ma main et s'est mis à sautiller d'une jambe sur l'autre en esquissant quelques mouvements de boxe. La vie était peut-être cruelle, mais Matti était un boxeur et un battant.

4

Une personne que j'aime

Le lendemain matin, au petit déjeuner, Matti faisait une drôle de tête.

« Je suis allé voir les lapins, il n'y a plus que deux petits, les autres ont disparu.

— Un renard les a volés ! s'est exclamé Oskari.

— Ou Litsi », a ajouté Tuomo.

Litsi, c'est notre chat.

« Ou Musti ? » a suggéré encore Oskari.

Musti, c'est notre chien.

« Un renard ne pourrait pas entrer dans le clapier, ni un chien ni un chat, a répondu Matti en me regardant d'un air interrogatif.

— Tu crois vraiment..., ai-je marmonné, la mère ? »

Je n'ai pas continué parce que, Matti et moi, nous ne voulions pas que nos petits frères apprennent ce qui s'était passé. Ils avaient bien le temps de découvrir combien la vie est cruelle. Oskari avait six ans et Tuomo bientôt cinq.

« Je ne caresserai plus jamais la lapine, ai-je annoncé. Elle peut bien finir dans la marmite !

— Pourquoi ça ? s'est étonné Oskari.

— Parce que !

— Les animaux ne savent pas ce qu'ils font, a dit alors Mouma. Leur cerveau est trop petit pour qu'ils aient conscience du bien ou du mal.

— Tous les animaux qui possèdent des dents devraient avoir une conscience, ai-je objecté.

— Même les tigres ? » a demandé Oskari.

Je n'avais plus le temps de philosopher sur la conscience des animaux. Il fallait que je me dépêche car nous devions rédiger la rédaction pendant la première heure de classe et je ne voulais pas être en retard.

Le professeur avait écrit trois sujets au tableau :

Ma fleur préférée.
Un animal que j'admire.
Une personne que j'aime.

« Tu prends lequel ? » a chuchoté Maila.

Le professeur me regardait en souriant. Je trouvais qu'il avait un sourire moqueur, comme ses yeux d'ailleurs. Il s'est assis, très droit, à son bureau et a regardé par la fenêtre.

Sirkka et le fils du professeur se sont tout de suite mis au travail. Les autres mordillaient leurs stylos, il y avait des filles qui entortillaient des mèches de cheveux autour de leur index, des garçons qui se grattaient la tête ou appuyaient leurs pieds sur la chaise devant eux pour se donner un air décontracté.

« Vous avez des problèmes avec les sujets ? » s'est inquiété le professeur.

Tout le monde a secoué la tête. Les sujets n'étaient pas difficiles. Ce qui était difficile, c'était de rédiger quelque chose qu'un inconnu allait lire. Et pas seulement un inconnu, mais un professeur d'université par-dessus le marché ! Nous ne savions pas ce qui plaisait à un professeur, mais nous pensions que ce devait être quelque chose de très particulier. Moi, je me demandais aussi s'il allait faire lire nos rédactions à son fils. Cette idée me troublait. En tout cas, j'étais déterminée à ne rien écrire qui prête à rire.

En fait, j'aurais bien choisi le sujet « *Un animal que j'admire* ». J'aurais pris l'éléphant. Les mamans éléphants sont très gentilles. Elles ne s'occupent pas seulement de leurs petits à elles mais aussi des petits des autres éléphants. Elles sont calmes, patientes et elles ne mangent que des plantes. Les éléphants ne tuent pas d'autres animaux et s'entendent bien avec les humains. Même si les humains ne se comportent pas toujours de façon très humaine avec eux. Voilà en gros ce que je voulais dire sur les éléphants mais, en fin de compte, j'ai changé d'avis et j'ai pris le troisième sujet.

J'ai écrit des pages et des pages. Quand la cloche a sonné, je n'avais toujours pas fini. Je n'étais pas la seule et le professeur nous a annoncé que nous pouvions continuer pendant la récréation.

Je me suis dépêchée de conclure et je lui ai apporté ma copie. De près, il n'avait plus l'air moqueur. Il faisait plus âgé, beaucoup plus âgé que mon père par exemple.

« Tu as déjà publié des poèmes dans le journal de l'école ? »

J'ai fait signe que oui.

« Alors comme ça, tu aimes rédiger et tu as un bon style ?

— J'aime toujours écrire, mais pour le style... Mme Virta jugeait que j'étais un peu superficielle. C'est notre prof de finnois, pardon, *c'était* notre prof de finnois !

— Je la connais, elle m'a parlé de vous. »

J'ai fait semblant de trouver cela normal, comme si Mme Virta m'avait confié qu'elle parlerait de nous au nouveau professeur. Mais en réalité, j'étais furieuse. Pourquoi avait-elle parlé de nous ? Et si tel était le cas, pourquoi nous faisait-il rédiger une dissertation sous prétexte de prendre contact ? Il savait déjà des choses sur chacun d'entre nous ! Tandis que nous, nous ignorions tout de lui. Nous aurions peut-être dû le prier de nous écrire une rédaction, histoire de faire plus ample connaissance !

J'étais encore devant son bureau lorsque la cloche a sonné, annonçant la fin de la récréation. Il a pris les copies puis il est sorti. Je suis retournée m'asseoir à ma place en songeant que j'avais rendu un texte complètement idiot. Je me suis sentie mal à l'aise toute la journée. D'abord, la lapine avait dévoré ses petits, et ensuite le professeur se moquerait sûrement de moi quand il aurait lu mon histoire.

Quant à Matti, il n'avait aucune chance avec Sirkka. Non seulement elle était très jolie, mais en plus, c'était elle qui réussissait les meilleures rédactions. Matti, lui, était doué pour la boxe ! À part ça... !

Et moi je ne faisais pas de danse, je ne prenais pas de leçons de piano. Notre père n'était qu'un simple ouvrier soudeur. Pas un directeur, ni un professeur. Et maman qui s'était mis dans la tête d'ouvrir un jardin d'enfants à la maison ! Ça m'étonnerait qu'elle ait des clients ! Résultat : nous allions avoir de nouveau des dettes et moi, je pouvais toujours attendre pour m'acheter une nouvelle robe d'été ! La vie était décidément bien cruelle. J'ai décidé de rester toujours avec Matti. Toute ma triste vie ! Personne n'oserait se moquer de moi, aussi longtemps que Matti le boxeur serait à mes côtés, même si j'écrivais des rédactions idiotes.

Mais, hélas ! je n'allais pas dans la même école que lui. Il fallait donc que, ce jour-là comme les autres jours, je me débrouille toute seule, sans le secours de mon frère aîné.

5

Caruso

Le nouveau avait maintenant un surnom. Un surnom qui n'avait rien à voir avec ses lunettes ni avec son père. L'idée était née pendant le cours de musique. Nous y chantions tous en chœur. Dans notre classe tout le monde aimait cela, même les élèves qui n'avaient pas de voix et ceux qui n'arrivaient pas à respecter la mesure. Gustaf, Nikolei, Aleksis, Juhani, Aaro Rantala aimait aussi le chant. Il avait une belle voix sonore. Au bout d'un moment, nous nous sommes tous arrêtés. Tous sauf lui ! Mais il ne l'a même pas remarqué, il a continué, la tête haute, la bouche grande ouverte et les yeux fermés.

Quand le morceau a été terminé, il a ouvert les yeux et s'est exclamé :

« J'ai chanté tout seul ?

— Exact, Caruso ! » a répliqué Seppo qui se prend pour la plus belle voix de la chorale.

Et depuis ce moment-là, Gustaf, Nikolei, Aleksis, Juhani, Aaro est devenu pour tout le monde Caruso, du nom du célèbre ténor italien.

Dans la classe, les garçons attendaient avec impatience le cours de gymnastique. Ils étaient persuadés que quelqu'un qui chante comme ça et qui apparemment est aussi fort en langues, en maths, en géographie, en biologie et même en musique, est sûrement nul en sport !

« Alors, il était comment ? ai-je demandé à un des garçons après la première heure de gym.

— Il grimpe comme un singe, court comme un guépard et saute comme un kangourou, a-t-il répondu d'un air sombre. Mais il doit sûrement avoir un point faible, nous finirons bien par trouver lequel. »

Pendant la récréation, j'ai expliqué la situation à Laura :

« Il est trop fort en tout, il vient de la capitale et son père est professeur. Les autres le détestent.

— Mais les filles l'adorent, elles sont toutes amoureuses de lui !

— Pas moi !

— Moi non plus ! » a précisé Laura.

Ça, je le savais. Laura était amoureuse de Matti. Elle ne voulait pas l'avouer, mais je l'avais remarqué. Quand elle le regardait, ses yeux brillaient, comme si le soleil s'y reflétait. Son soleil, c'était Matti. Et elle bafouillait toujours en parlant de lui.

Hélas ! je savais que le cœur de Matti était pris par une autre. L'amour me semblait être une question bien compliquée. Moi, la seule chose que je souhaitais, si jamais il m'arrivait un jour de regarder un garçon avec des yeux pareils, c'était qu'il me regarde avec la même lueur. Sinon, je serais sûrement très triste.

Mais pour le moment, ce qui m'intéressait bien plus que tous les garçons de la classe et même de toute l'école, c'était l'opinion que le professeur aurait de ma rédaction. Il a mis trois jours à les corriger. Le quatrième jour, en arrivant, il a posé nos copies sur son bureau, a jeté un coup d'œil circulaire dans la salle et a dit :

« Comme vous voyez, je vous rapporte vos

devoirs. Je vais vous les rendre en vous faisant quelques remarques personnelles. Pour le reste, les fautes d'orthographe ou de style, vous verrez vous-mêmes, j'ai corrigé en rouge. »

Il avait son sourire moqueur et moi, je transpirais. Il a appelé le premier nom. Maila s'est levée et est allée jusqu'au bureau. Il a commenté :

« C'est amusant, ton histoire d'éléphant ! »

Heureusement que je n'avais pas écrit aussi une histoire d'éléphant !

Le suivant était Seppo. Il lui a fait une remarque sympa. Et ainsi de suite. Moi, j'attendais toujours. Il ne restait plus que trois copies sur le bureau, celle de Sirkka, celle de Caruso et la mienne.

« Voici les trois dernières rédactions, chacune sur un des différents sujets que je vous ai proposés. Ce sont celles que j'ai préférées. Je suis sûr que vous aimeriez les entendre lire. »

Tous ont fait signe que oui. Moi j'étais plutôt nerveuse. C'est Caruso qui devait commencer. Le professeur appelait son fils Juhani. Caruso s'est levé pour monter sur l'estrade. Quand il est passé près de sa table, Seppo a murmuré :

« Hé, Caruso ! Tu devrais nous la chanter, ta rédaction, avec ta voix de ténor ! »

Caruso était bon dans toutes les matières et en

général plutôt sûr de lui. Mais j'ai remarqué que la réflexion de Seppo l'avait vexé. Son sourire a disparu et son regard s'est assombri. Moi, ça m'a fait de la peine. Il a lu sa rédaction à toute vitesse, en bafouillant, si bien qu'on n'a presque rien compris. Le professeur ne l'a pas interrompu et n'a fait aucun commentaire.

À la fin de la lecture, seules les filles ont applaudi. Pas les garçons. Caruso avait pris comme sujet « *Un animal que j'admire* ». Il avait choisi les mangoustes, parce que ce sont des animaux qui s'entendent bien, qui sont solidaires et s'avertissent mutuellement lorsqu'un danger les menace. Si l'une d'entre elles est attaquée, les autres la défendent. J'ai pensé : « Ce n'est pas comme chez les humains ! »

Mais c'était mon tour de gagner l'estrade. J'avais choisi « *Une personne que j'aime* ». Je n'ai pas mieux réussi que Caruso ; d'ailleurs, je n'ai jamais été très forte devant un public. Pourtant, quand j'ai fini l'histoire de ma grand-mère, tout le monde a applaudi. Mais cela ne m'a fait qu'à moitié plaisir. Ma rédaction n'était pas meilleure que celle de Caruso. Ils auraient pu le féliciter aussi.

Le sujet de Sirkka était « *Ma fleur préférée* ». Elle avait pris la rose mais partant de là, elle avait écrit un véritable récit d'aventures. Cela se passait pendant un voyage qu'elle avait fait en Égypte avec ses parents. Moi, j'étais presque sûre que Sirkka n'y avait jamais mis les pieds.

Seppo a dit tout haut ce que je pensais tout bas :

« Elle n'est jamais allée là-bas ! »

Le professeur l'a regardé et a répondu :

« La manière dont elle parle des pyramides et des tombeaux est tellement vivante que c'est comme si elle les avait visités. Pour moi, c'est ce qui compte ! En lisant son devoir, j'avais l'impression d'être en Égypte. Sa rose égyptienne, c'est une idée très originale et elle a dû beaucoup se documenter sur ce pays pour pouvoir me rendre une rédaction comme celle-ci. Cela m'a énormément plu. Comme beaucoup d'autres d'ailleurs. »

Puis il nous a expliqué ce que nous ferions pendant les prochains cours... et la cloche a sonné.

Dans la cour, Caruso était seul dans un coin. Je suis allée le voir et je l'ai abordé :

« Tu aimes bien écrire ? »

Il a fait signe que oui.

« Moi aussi !

— S'il te plaît, ne m'appelle pas Caruso, m'a-t-il demandé à voix basse.

— Mais je ne t'ai jamais appelé comme ça ! »

Il a haussé les épaules et m'a regardée gravement. Alors j'ai continué :

« Comment veux-tu que je t'appelle ?

— J'ai cinq noms. S'ils ne te plaisent pas, tu peux en choisir un sixième, mais pas Caruso ! J'ai tellement de prénoms d'hommes célèbres, j'aimerais bien en avoir un que personne n'a porté avant moi.

— Dans ce cas, il faut que j'en invente un !

— Et alors ! Ce n'est pas si difficile que ça ! »

Moi, je ne trouvais pas cela facile.

Le soir, à la maison, je me suis mise au travail. J'ai couché tous ses prénoms sur une grande feuille de papier et j'ai essayé de les abréger ou de les modifier : *Gus, Gusto, Niko, Alex, Juan*... non, c'était ridicule !

Mais juste avant d'aller au lit, l'idée m'est venue ! Je l'appellerai Yagan. C'était un nom avec une sonorité un peu laponne mais ça aurait pu être aussi un nom d'Indien. Peut-être que ce nom lui porterait chance ! Parce que, de la chance, il allait en avoir besoin si tous les garçons de la classe se liguaient contre lui ! Et dans ce cas, l'amour des filles ne l'aiderait guère. Mais un Indien supporte la douleur sans rien laisser paraître. Il fallait donc qu'il porte un nom d'Indien !

6

Du remue-ménage dans la maison

Yagan s'est complètement isolé du reste de la classe. Pendant les cours, il participait, c'est vrai, mais il passait presque toutes les récréations dans son coin à lire. Je n'ai raconté à personne que je lui avais trouvé un nouveau nom. À lui non plus d'ailleurs. Je ne lui parlais plus jamais, car je ne savais pas s'il restait à l'écart par timidité ou parce qu'il se trouvait trop bien pour nous ! Les autres filles avaient l'air de ne plus s'intéresser à lui non plus, peut-être parce qu'il ne leur prêtait aucune attention ! Je ne sais pas s'il souffrait d'être seul.

Mais si c'était le cas, on peut dire que c'était un vrai Indien car il n'en laissait rien paraître ! Au bout d'un moment, ils me sont sortis de la tête, lui et son père. Il se passait tellement de choses à la maison !

Un jour, en effet, en rentrant de l'école, j'ai trouvé une inconnue assise dans le salon. Elle était à peu près de l'âge de ma mère. Elle avait des cheveux roux, bouclés et des yeux très bleus qu'elle roulait comme des billes en parlant. Quand elle riait, elle secouait la tête et sa voix retentissait comme un coup de gong. Une dent en or étincelait dans sa bouche grande ouverte et, par moments, elle se tapait sur les cuisses en riant de plus belle. Ce jour-là, quand elle m'a vue entrer dans le salon, elle m'a examinée des pieds à la tête et a déclaré en riant :

« Tu as l'air bien sage ! »

J'ai dû sembler vexée car elle a aussitôt ajouté :

« Ne le prends pas mal ! On peut avoir l'air sage, ce n'est pas grave. Simplement, moi, je ne connais pas beaucoup de filles comme toi. D'ailleurs, je ne connais presque pas de petites filles. »

Devant mon embarras, maman a annoncé :

« Voici Eila : désormais elle travaillera avec moi au jardin d'enfants. »

J'ai tourné les talons et je suis allée voir Mouma dans la cuisine.

« Il y a une drôle de bonne femme dans le salon !

— Je suis au courant ! a répondu Mouma un peu sèchement.

— Comment ? Tu la connais ?

— On me l'a présentée, a-t-elle ajouté, le regard sombre. Elle est cuisinière de son métier. Il paraît qu'elle a travaillé sur un bateau ! »

On avait l'impression que Mouma n'y croyait qu'à moitié et que, même si c'était vrai, être cuisinière sur un bateau, elle trouvait cela douteux. Aussi douteux que d'être voyante dans un cirque ou cracheur de feu dans la rue.

« Cuisinière ! a-t-elle répété d'un ton méprisant, comme si c'était un travail ! Moi, je fais la cuisine depuis plus de cinquante ans et personne n'a jamais eu l'idée de me considérer comme une cuisinière !

— Parce que tu n'as pas appris le métier.

— Tiens donc ! Je n'ai pas appris, mais toi tu as toujours trouvé ma cuisine à ton goût ! Et les autres aussi, que je sache ! »

Elle était très fâchée, ce qui ne lui arrive presque jamais. Elle craignait sans doute de perdre la suprématie sur son royaume. Elle continua en bougonnant :

« Ça m'est bien égal ! Si tu crois que ça m'amuse d'éplucher tous les jours les légumes, de laver la salade, de gratter le poisson ou de vider la volaille ! Mais elle pourra aussi laver la vaisselle. Que l'on ne s'imagine pas que je vais rester ici pour faire la plonge ! »

J'ai passé mon bras autour de son cou en essayant de la consoler :

« Comme ça, tu auras plus de temps pour t'occuper du jardin, de tes fleurs. Tu peux bien la laisser cuisiner et récurer les casseroles ! »

Et nous sommes restées ainsi assises l'une à côté de l'autre sur la banquette, le regard en direction de la porte qui n'a pas tardé à s'ouvrir. Maman faisait visiter notre maison à la cuisinière.

« Et voici la cuisine, où tu vas passer beaucoup de temps, car les enfants prendront le petit déjeuner, le déjeuner et le goûter chez nous.

— Tu oublies le dîner ! a lancé Mouma.

— C'est toujours toi qui t'occuperas de nos repas ! » a précisé maman.

À ces mots, Eila s'est dirigée vers Mouma, l'a saisie par les épaules et l'a fixée droit dans les yeux en déclarant :

« Mamie, je ne veux pas prendre votre place ! Simplement, en ce moment, j'ai besoin de travailler. Donnez-moi une chance de montrer ce que je sais faire. »

J'ai regardé Mouma. Je sentais qu'elle était touchée. Mouma aime les gens francs et directs. Face à une personne comme celle-ci, elle était soudain désarmée, même si elle ne voulait pas le montrer. Elle se leva en précisant d'une voix énergique :

« Il faut que j'aille arroser mes fleurs. Faites le tour de la pièce mais n'oubliez pas que je veux retrouver ma cafetière toujours à gauche de la cuisinière. J'ai mes habitudes !

— Leena, a ordonné maman, tu peux aller faire tes devoirs, à moins que tu ne tiennes absolument, toi aussi, à préparer le repas ! »

J'ai haussé les épaules et je suis sortie.

Matti était assis à mon bureau.

« Qu'est-ce que tu fais là ? » ai-je demandé.

Il a froissé une feuille de papier dans sa main en rougissant. *Pourvu que ce ne soit pas une lettre d'amour pour Sirkka*, ai-je pensé, mais je me suis contentée de lui demander :

« Tu la trouves comment ?

— C'est la plus jolie fille que je connaisse !

— Tu parles de qui là ? Moi, c'est de la cuisinière !

— Elle aussi, elle est géniale, elle a travaillé sur un bateau !

— C'est pour ça qu'elle est géniale ?

— Elle m'a raconté ses voyages », a poursuivi Matti, les yeux brillants.

Je savais que, dès qu'il serait en âge de le faire, Matti voulait travailler sur un bateau. Il en parlait souvent. Son rêve, c'était de faire le tour du monde sur les océans.

« Si tu aimais vraiment quelqu'un qui t'aime aussi, tu voudrais quand même devenir marin ? ai-je demandé.

— Oui ! Rien ni personne ne pourra m'en empêcher. Quand je serai grand, je ferai le tour du monde en bateau ! »

J'ai poussé un soupir de soulagement. Si ce rêve-là devait se réaliser un jour, il serait moins déçu pour Sirkka.

« Je ne sais quoi penser de cette Eila. Elle est un peu bizarre.

— Je ne trouve pas », a répondu Matti.

Puis il s'est éloigné, sa boulette de papier dans la main. Il n'allait sûrement pas la jeter dans ma

J-FRONTENAC

corbeille à papier. Il savait que j'étais plutôt curieuse.

Oskari et Tuomo trouvaient Eila formidable. Ils trottinaient derrière elle comme des petits chiots derrière leur mère et essayaient de la convaincre de jouer avec eux. Ils la taquinaient et Eila riait aux éclats. Quand elle en avait assez de les avoir dans ses jupons, elle grognait comme une louve en colère et montrait les dents.

« *Dent en or, dent en or,* chantaient-ils alors dans son dos. *Tu ne nous attraperas pas !* »

Sous ses airs brusques, Eila était douce et traitait Oskari et Tuomo avec une immense gentillesse. Les autres enfants aussi d'ailleurs, comme on allait s'en rendre compte plus tard. Elle nous parlait, à Matti et à moi, comme à des adultes. Et elle comptait sur nous pour l'aider dans la cuisine, avec les enfants et pour une autre chose encore que nous allions découvrir par la suite.

Maman avait décidé que la cuisinière habiterait chez nous. Quand elle lui a annoncé qu'Eila s'installerait dans le salon, papa a commencé par refuser. Mais après une longue conversation à laquelle les enfants n'étaient pas conviés, il a fini par céder.

Eila dormait donc dans notre salle de séjour. Le

matin, elle rangeait le matelas et la couette, et la pièce se métamorphosait aussitôt en un jardin d'enfants, pour les quatre petits qui y étaient inscrits.

Esko était un petit garçon de cinq ans, très calme, qui a passé le premier jour assis près de la fenêtre à attendre sa mère. Toula avait quatre ans et elle a tout de suite sympathisé avec Oskari. Ces deux-là n'avaient besoin de personne. Ils se débrouillaient très bien tout seuls et s'amusaient à nourrir les lapins. Sirpa, en revanche, n'avait que deux ans et voulait souvent qu'on la porte. Elle n'avait pas envie de marcher. Mais si on l'installait dans un fauteuil avec un bol et une cuiller à café, on était tranquille. Elle s'amusait à faire tourner sa cuiller dans le bol vide et elle était contente.

À mon avis, les enfants n'avaient pas besoin qu'on s'occupe d'eux. Ils ne s'ennuyaient jamais. Mais maman organisait des jeux ou elle leur faisait écouter des comptines sur une cassette. Ils chantaient alors et mimaient le texte. Ils sautaient comme des grenouilles, aboyaient comme des chiens, grognaient comme des ours ou gazouillaient comme des oiseaux.

Celui qui imitait le mieux les voix, c'était Robert, le quatrième enfant. Robert avait cinq ans. Quand il n'était pas en train d'aboyer, de grogner ou de gazouiller, il aimait beaucoup faire du bruit ou des saletés. Il était particulièrement attiré par les assiettes de soupe, les bols de chocolat, les pots avec du jus de raisin et les vases. Si on lui interdisait de faire quelque chose, il se roulait par terre, tapait sur le parquet avec ses petits poings serrés et criait comme un animal qu'on égorge. Et pourtant, avec ses boucles blondes et ses grands yeux bleus, il était le chouchou de maman, d'Eila et de Matti. Quand il était content et souriait, deux petites fossettes se formaient sur ses joues et il ressemblait à un petit ange. Il se faisait câlin et embrassait tous ceux qui passaient à sa portée. Mais il pouvait glisser sans transition de la douceur à la grosse colère.

Mouma trouvait que c'était un enfant gâté. Moi, ses sautes d'humeur m'agaçaient. Robert était un enfant difficile. Mais surtout, comme nous n'allions pas tarder à le découvrir, les relations avec ses parents allaient devenir plus difficiles encore.

Sa mère était une blonde plantureuse, avec une énorme poitrine, un très beau visage et, comme son fils, deux petites fossettes. Elle était très joviale mais sa gaieté n'était pas communicative, pas pour moi en tout cas. Quand je la rencontrais, j'étais trop occupée à l'observer pour voir si elle n'allait pas une fois au moins cesser de sourire.

Son mari était tout l'opposé d'elle. Il affichait toujours une mine maussade. Il parlait d'une voix feutrée et s'interrompait souvent au milieu d'une phrase, comme s'il n'avait pas la force d'aller jusqu'au bout ou comme s'il avait oublié ce qu'il voulait dire. Eila commentait à leur propos :

« Elle fait semblant d'être joyeuse parce qu'il a toujours un visage triste. Lui, c'est le contraire, il prend sûrement cet air sinistre parce qu'il ne supporte pas son éternelle gaieté. »

Le père de Robert était peintre. Ma mère avait déjà vu certains de ses tableaux qui l'avaient beaucoup impressionnée. Tant et si bien qu'un jour, elle avait décidé de les inviter à dîner à la maison. Au dire d'Eila, ce repas avait coûté à peu près autant que ce que les parents de Robert payaient pour deux semaines de garderie chez nous.

« Nous ne pouvons pas nous permettre de telles dépenses, a protesté papa.

— Une fois n'est pas coutume », a objecté maman.

Mais les choses n'en sont pas restées là ! Nos problèmes avec cette famille ne faisaient que commencer.

7

Les pensionnaires du jardin d'enfants

Matti et moi, nous nous entendions bien avec les petits pensionnaires du jardin d'enfants. Nous rentrions de l'école avant que les parents ne viennent les rechercher. En général, il nous restait quelques heures pour jouer avec eux ou les surveiller quand maman et Eila étaient occupées à autre chose.

Un jour, Matti s'amusait avec Oskari, Tuomo, Sirpa, Toula et Esko dans la cour. Toula et Sirpa étaient les elfes, les petits génies de l'air. La petite Sirpa chantait : « *La, la, la* » et Toula chantait : « *Hyvää iltaa, hyvää iltaa, pienet tontut, te !*

Oomme tulleet kysymähän, leikittekö kanssamme ? Kukin kiltti tonttu saa nyt meitä tanssittaa. » Ce qui veut dire : « Bonsoir, bonsoir, petits lutins ! Nous sommes venus vous demander si vous voulez jouer avec nous. Tous les petits lutins peuvent venir danser avec nous ! » Et les elfes entraînaient les petits lutins dans la danse.

Avec Robert, j'avais moins de chance. J'étais assise avec lui dans le salon car il ne voulait pas rejoindre les autres dehors.

« Tu entends, ils font la ronde : tu ne veux pas chanter et danser avec eux ? »

Robert a secoué énergiquement la tête.

« Mais alors qu'est-ce que tu veux faire ?

— Arroser les fleurs ! »

Je suis donc allée chercher l'arrosoir et j'ai commencé à verser de l'eau sur quelques fleurs pour qu'il ne soit pas trop lourd.

« C'est moi qui arrose ! a-t-il crié aussitôt.

— Voilà, c'est ton tour », lui ai-je proposé en approchant une chaise de la fenêtre.

Je l'ai hissé sur la chaise et je lui ai donné l'arrosoir. Il m'a lancé un regard moqueur et, avant que j'aie pu dire « ouf », il a renversé tout le contenu de l'arrosoir sur moi.

« Idiot !

— Ce n'est que de l'eau ! a répondu Robert en riant.

— J'ai remarqué, figure-toi. Ma robe est trempée. Maintenant, c'est fini avec l'arrosoir ! ai-je grondé, furieuse, en le faisant descendre. Reste assis par terre et ne bouge pas jusqu'à ce que je revienne ! Compris ? »

Je me suis changée et je suis allée chercher la serpillière. Quand je suis revenue dans le salon, Robert était en train de se rouler dans l'eau.

« Maintenant, moi aussi je suis mouillé, comme toi ! » a-t-il déclaré d'un air triomphant.

Si cela avait été Oskari, Tuomo ou Esko, j'aurais sûrement ri. Mais c'était Robert, qui n'obéissait qu'à ses caprices. Je n'allais pas me laisser faire !

« Lève-toi et arrête de te salir, sinon ta maman va me gronder parce que je n'ai pas été assez vigilante ! »

Robert se leva et me regarda d'un air inquiet.

« Assieds-toi là. Si tu ne veux pas jouer dehors, tu peux dessiner.

— Je veux arroser les fleurs !

— Il n'en est pas question !

— Et pourquoi ?

— Parce que j'ai dit non !

— Mais moi je veux arroser les fleurs ! » a-t-il supplié d'une toute petite voix.

Sa lèvre inférieure tremblait légèrement. Des larmes se sont mises soudain à couler sur ses joues.

« Écoute ! Tu aurais pu arroser les fleurs tout à l'heure mais, au lieu de ça, tu as renversé toute l'eau sur moi ! »

Robert s'est allongé par terre et s'est mis à hurler. Je l'ai laissé faire et suis allée dans la cuisine. Assise sur un tabouret, j'ai attendu un moment, espérant qu'il viendrait me chercher. Mais non, tout était redevenu tranquille. Bien trop tranquille ! J'ai sauté sur mes pieds et me suis précipitée dans le salon. Robert était debout sur la chaise, devant la fenêtre, en train d'arroser un cactus ! L'eau débordait de partout.

« Robert ! » ai-je crié.

Il a sursauté et a perdu l'équilibre. Il a essayé de se raccrocher à quelque chose ! Et il a attrapé le cactus ! Cette fois, le cri qu'il a poussé n'était pas de la comédie : c'était un vrai cri de douleur. Je me suis précipitée et, dans la maison, tout le monde a fait pareil.

Maman a essayé d'enlever les piquants avec une pince à épiler, mais ce n'était pas une mince affaire !

« Tu n'aurais pas pu faire attention ? a-t-elle grondé à mon intention.

— C'est la dernière fois que je garde Robert. Et ce n'est pas moi qui ai posé un cactus aussi dangereux sur le rebord de la fenêtre.

— Et qui a mis la chaise devant la fenêtre ? » a-t-elle demandé, furieuse.

Pendant ce temps, Robert hurlait comme un forcené. Ma mère a lancé sa pince à épiler sur la table, elle a appelé un taxi et a emmené Robert chez le docteur. Celui-ci a enlevé les derniers piquants, a enduit de pommade la main de Robert et l'a enveloppée dans un bandage qui remontait jusqu'au coude. Ce petit monstre avait l'air de trouver cet accoutrement très amusant.

Quand son père est venu le récupérer, Robert a brandi sa main d'un air très fier. Maman a expliqué ce qui s'était passé en s'excusant de ma négligence, comme si tout cela était de ma faute.

Tout en écoutant ma mère, le peintre m'observait du coin de l'œil comme s'il préparait son prochain tableau, le portrait d'une criminelle.

« C'est ma faute. Je n'aurais pas dû le laisser seul. Robert n'en fait toujours qu'à sa tête. S'il a décidé d'arroser les fleurs, il arrose les fleurs.

Voilà ! » ai-je dit à son père en le regardant droit dans les yeux.

Il a souri et m'a rassurée :

« Je sais. Ne t'inquiète pas. Il n'est rien arrivé de grave. »

Je lui ai rendu son sourire. À partir de ce jour, je me suis mise à aimer ce papa aux yeux tristes.

8

L'amour est cruel !

Huit jours avant la fête de l'école, Yagan s'est cassé la cheville.

L'accident s'est produit pendant le cours de gymnastique. Les garçons jouaient au basket. Mais personne n'a pu expliquer ce qui s'était passé. Un des garçons a prétendu que c'était de la faute de Seppo, mais Seppo a nié. Le professeur de gym ne regardait pas au moment où Yagan avait trébuché et ce dernier ne voulait rien dire.

Sirkka, Laura et moi avons décidé de découvrir

la vérité et d'interroger d'abord Seppo. À la récréation, nous sommes allées le voir.

« Bien joué, Seppo ! a commencé Laura.

— Tu l'as bien eu ! Bravo ! a continué Sirkka.

— Comment as-tu réussi un tel coup de maître ? » ai-je achevé.

Il nous a d'abord dévisagées d'un air légèrement méfiant, puis il s'est mis à rire :

« Facile ! Il est rapide, c'est vrai, mais il a des jambes en papier mâché ! Je lui ai juste fait un croche-patte quand il a sauté pour mettre un panier. Et il s'est retrouvé par terre ! Évidemment, je ne pouvais pas deviner qu'il allait se casser la cheville. Il a des os comme des allumettes.

— Tu viens de dire qu'il avait les jambes en papier mâché. Faudrait savoir, a observé alors Sirkka très doucement, tu parles un peu à tort et à travers, à ce qu'il semble !

— Ce n'est pas de chance pour toi, ai-je ajouté d'une voix tout aussi douce.

— C'est un aveu, a déclaré Sirkka en le regardant d'un air innocent.

— Qu'est-ce qu'on va faire de lui ? ai-je demandé à mes deux compagnes.

— Il va devoir quitter l'école, a décrété Sirkka.

— On appelle cela "coups et blessures volontaires", n'est-ce pas ? a insinué nonchalamment Laura.

— C'est grave ! Très grave ! » ai-je dit pour finir.

À ce moment-là, l'image de Robert tombant sur le cactus m'a effleuré l'esprit et j'ai eu mauvaise conscience de jouer ainsi au juge. Mais cela n'a pas duré. On ne pouvait pas comparer les deux choses. Moi, je n'avais pas poussé Robert, il était tombé tout seul !

« Qu'est-ce que vous allez faire ? s'est inquiété alors Seppo.

— Nous ne savons pas encore, ai-je répondu. Mais nous te mettrons au courant dès que nous aurons délibéré.

— Vous n'allez tout de même pas me dénoncer ? » a-t-il crié comme nous nous éloignions.

Sans répondre, nous sommes allées nous installer dans un coin de la cour pour réfléchir tranquillement à la stratégie à adopter.

Finalement, nous avons décidé de ne pas le dénoncer. Mais en échange, il fallait qu'il rende visite à Yagan et qu'il lui présente ses excuses. Il lui serait désormais interdit de faire la moindre remarque ironique à propos de Yagan ni de l'embêter d'une manière ou d'une autre, sinon nous irions voir la directrice et nous lui raconterions ce qui s'était passé.

Pendant le cours, j'ai fait remettre une feuille à Seppo sur laquelle j'avais écrit :

Habille-toi correctement ce soir car tu vas devoir sonner à la porte du professeur Rantala. Il se peut fort que ce soit lui qui vienne ouvrir personnellement car son fils doit garder le lit. Tu es prié de t'excuser auprès de Gustaf. Tu recevras bientôt d'autres instructions.

Seppo a lu le papier, s'est tourné vers moi et m'a regardée d'un air implorant. J'ai secoué la tête. Très pâle, il s'est tourné vers Sirkka et Laura qui ne se sont pas laissé attendrir non plus.

J'ai quand même eu un peu pitié et je lui ai proposé de l'accompagner.

Nous nous sommes retrouvés le soir devant l'école. Seppo avait mis ses plus beaux habits, une chemise blanche et un pantalon noir. Comme s'il se rendait à une cérémonie.

Il avait acheté une tablette de chocolat et moi un bouquet de fleurs avec l'argent collecté dans la classe.

« J'ai payé le chocolat avec mon argent de poche ! m'a déclaré Seppo fièrement.

— J'espère bien ! Tu aurais dû raconter à tes parents ce qui s'était passé. Ils t'en auraient peut-être donné un peu plus, exceptionnellement ! ai-je souligné d'un ton ironique. Et qu'est-ce que tu as inventé pour justifier ta tenue ?

— J'ai dit que je sortais avec toi, a répondu Seppo en rougissant.

— Quoi ! Jamais je ne sortirais avec toi, même si tu étais le seul survivant sur la Terre entière !

— Et pourquoi ?

— Pourquoi ? Tu ne devines pas ? En première année, tu passais ton temps à me pincer et à m'embêter. Après, tu as arrêté parce que tu avais la trouille de mon frère. Mais tu t'en es pris à d'autres que moi et maintenant, par ta faute, un élève de notre classe est pratiquement invalide. Tu crois que ce sont des choses qui me plaisent ?

— On n'est pas invalide parce qu'on a la cheville enflée pendant quelques jours, a objecté Seppo d'un air boudeur.

— Si tu veux qu'un jour une fille s'intéresse à toi, tu devrais songer à être un peu plus sympa avec les autres, ai-je poursuivi d'un ton moralisateur. Si tu veux que l'on t'aime, commence par aimer les autres. »

Les Rantala habitaient à la périphérie de la ville, dans une vieille maison en bois d'aspect plutôt modeste. Je m'étais imaginé qu'un professeur d'université devait habiter dans une grande maison en pierre de taille, en plein centre-ville. Quand j'ai appuyé sur le bouton de la sonnette, je me suis sentie aussi nerveuse que Seppo.

« Quand la domestique ouvrira, nous lui dirons que nous voulons parler au jeune monsieur, ai-je suggéré à Seppo, me souvenant soudain d'un livre dans lequel on appelait ainsi le fils d'un monsieur très important.

— Tu es folle ! » a-t-il répondu.

À ce moment, une femme a ouvert la porte. Elle avait un certain âge et ne portait pas de tablier blanc. Je n'étais pas sûre que ce soit la domestique, même si les domestiques ne sont pas toujours jeunes. Elle a regardé mon bouquet de fleurs, la tablette de chocolat de Seppo et elle a engagé la conversation :

« Vous voulez certainement voir Aleksis. Il va être content ! Je suis sa mère. Entrez ! »

Nous aurions sûrement dû nous présenter aussi,

mais elle nous a invités à la suivre et c'est ce que nous avons fait. Dans le salon, j'ai aperçu le professeur de dos et une vieille dame assise en face de lui.

« J'ai de la visite ? a demandé la dame d'une voix aiguë.

— Non, mère, c'est pour Gustaf », a rectifié la maman de Yagan.

Je me suis demandé si, dans sa famille, chacun l'appelait par un prénom différent. Le père c'était Juhani, la mère Aleksis, et la grand-mère Gustaf. Alors, comment l'appelaient ses frères, ses sœurs, et son grand-père ? Le garçon aux multiples prénoms était installé dans un fauteuil de sa chambre. Sa jambe droite, plâtrée jusqu'au genou, était appuyée sur un tabouret. Il lisait.

Lorsque nous sommes entrés, il a posé son livre sur ses genoux. Il n'avait l'air ni spécialement content, ni surpris.

« Salut ! ai-je lancé.

— Salut ! » a-t-il répondu.

Seppo a posé la tablette de chocolat sur le livre sans ouvrir la bouche.

Comme je m'y attendais, sa chambre était pleine de livres. Au mur, il y avait des posters de l'Italie, de l'Islande, de l'Angleterre et de l'Égypte.

« Tu es déjà allé en Égypte ?

— Non, ce sont mes parents qui y sont allés, mais j'ai déjà été en Italie, en Angleterre et en Islande.

— Tu as de la chance !

— Asseyez-vous ! » a-t-il proposé alors en montrant son lit.

Je me suis donc installée sur le bord du lit et Seppo tout près de moi, comme si nous étions des amoureux ! Cela m'a agacée et je me suis poussée un peu, mais Seppo s'est encore rapproché.

Yagan souriait. Il avait le même air ironique que son père. Je me suis levée en déclarant solennellement :

« Seppo a quelque chose à te dire ! »

Et j'ai lancé à Seppo un coup d'œil menaçant. Il s'est levé aussi et a déclaré en soupirant :

« Ouais ! *Sorry*, comme disent les Anglais, je ne voulais pas te faire mal. Je ne pouvais pas savoir que tu avais les os aussi fragiles. Moi, un croche-pied, je n'aurais rien senti, je ne serais sûrement même pas tombé. Si on y réfléchit bien, en fait, quand tu joues au basket, tu dois toujours t'attendre à ce qu'un autre joueur te fasse un croche-pied. Il ne faut pas se laisser surprendre. »

J'ai foudroyé Seppo du regard. Ce n'était pas vraiment le genre d'excuses auquel je m'attendais.

Mais Yagan a éclaté de rire.

« La prochaine fois, je serai sur mes gardes, a-t-il assuré à Seppo en lui adressant un clin d'œil complice. Mais je te conseille d'en faire autant. Il se pourrait bien que tes os soient plus fragiles que tu ne penses !

— Quand tu seras rétabli, nous nous affronterons tous les deux si tu veux. Moi, je sais me battre. Et toi ?

— Moi aussi, évidemment !

— Où dois-je mettre les fleurs ? ai-je alors demandé. C'est un cadeau de la classe.

— Tu peux aller voir ma mère pour qu'elle te donne un vase », m'a-t-il proposé avec un air si tendre que je me suis sentie soudain très troublée.

Je me suis dirigée vers le salon où se trouvaient ses parents et sa grand-mère. J'avais les jambes en coton, les genoux en guimauve. Le professeur lisait le journal. Il a levé la tête et m'a souri.

« J'ai de la visite ? » a demandé la grand-mère en me fixant avec insistance !

Mais elle ne pouvait pas me voir. Ses yeux étaient troubles, sans vie. Elle était aveugle.

« Non, ce n'est pas pour toi, lui a expliqué la

mère de Yagan, c'est seulement une camarade de classe de Gustaf.

— Gustaf va déjà à l'école ? » a demandé la vieille dame.

Je ne pouvais détacher mes yeux de cette pauvre femme. J'essayais de m'imaginer ma grand-mère à sa place. Aveugle, diminuée, toujours assise dans un fauteuil à attendre une visite. Mais je ne pouvais me figurer Mouma ainsi. D'ailleurs, même si elle était très vieille, elle aurait sûrement beaucoup de visites. Nous irions tous la voir, moi, Matti, Oskari et Tuomo. Et papa et maman seraient toujours là, avec elle. J'ai remercié la mère de Yagan pour le vase et je suis retournée dans la chambre.

Seppo jouait un air sur la guitare de Yagan. J'ai mis les fleurs dans le vase et le vase sur le bureau.

Yagan m'a regardée et je l'ai regardé aussi. J'avais l'impression de le découvrir pour la première fois. Je n'avais plus besoin de demander à d'autres filles comment elles le trouvaient. Il était très beau. Cela m'a troublée, intimidée. Je me suis sentie heureuse et triste à la fois et j'ai eu envie de rentrer à la maison.

Mais Seppo jouait toujours de la guitare. On avait l'impression qu'il se croyait chez lui.

« Viens maintenant, lui ai-je dit, il faut que Yagan se repose !

— Qui ça ? a questionné Seppo en ouvrant de grands yeux.

— Ah ! Personne ! C'est une expression qui signifie que l'on doit partir, ai-je bafouillé en devenant aussi rouge que les tulipes qui étaient dans le vase.

— C'est idiot comme expression, a déclaré Seppo. Comment tu as dit déjà ? »

Mais je n'avais pas envie de répéter, et Yagan n'a rien dit non plus.

« Je viendrai à la fête de l'école, a-t-il enchaîné, même si je dois marcher avec des béquilles.

— Nous te promènerons en fauteuil roulant s'il le faut ! » a proposé Seppo.

Sur le chemin du retour, il n'a pas arrêté de répéter qu'il savait bien que Caruso n'était pas du genre à faire tout un cinéma pour un petit accident de rien du tout. Les garçons sont comme ça. Seules les filles font des histoires pour rien. Et Yagan n'avait rien dit à son père non plus. À sa place, Seppo aurait agi de la même façon d'ailleurs. Ces choses-là ne regardent pas les parents. Pas plus que les profs ! Seppo n'avait rien raconté chez lui non plus. C'était une affaire entre lui et Caruso. Jusque-là, j'avais écouté sans broncher. Mais soudain, j'ai sorti mes griffes :

« Arrête de l'appeler Caruso !

— Comment veux-tu que je l'appelle ?

— Il a cinq prénoms !

— D'accord, a reconnu Seppo d'un air conciliant, j'en choisirai un dans le tas. »

Et il a continué en disant que c'était une idée géniale qu'il avait eue de s'excuser comme ça, comme un homme. Maintenant, tout était clair entre eux. Moi, je ne m'occupais plus de ce qu'il racontait. Je me sentais toute drôle et je me demandais si c'était ça, l'amour.

Soudain, je me suis arrêtée, comme paralysée. J'ai interrompu Seppo dans son discours :

« Qu'est-ce que tu viens de dire ?

— J'ai dit : "Dommage qu'il ne soit plus dans notre école l'année prochaine !" »

Ainsi, j'avais bien entendu. J'ai essayé d'avaler ma salive mais j'avais la gorge nouée. Je me suis remise à marcher en écoutant maintenant attentivement les propos de Seppo.

C'est ce jour-là que j'ai appris que le professeur n'était venu dans notre école que pour faire un remplacement de deux mois et demi, et ce parce que la mère de sa femme, la vieille dame, ne pouvait plus rester toute seule chez elle. Ils avaient décidé de vendre la maison et d'emmener la grand-mère vivre avec eux à Helsinki. M. Rantala souhaitait en effet reprendre son travail à l'université.

« Il n'enseigne pas vraiment, a raconté Seppo, il fait des recherches sur quelque chose de mystérieux qu'il veut découvrir. Il n'a pas l'intention de renoncer à son poste. »

Mais moi, je devrais renoncer à Yagan ! C'était cruel ! Encore plus cruel que l'amour de Matti pour Sirkka. Sirkka n'allait pas vivre à Helsinki, à plus de quatre cents kilomètres de chez nous, dans la capitale en plus ! Si j'avais un jour l'occasion de me rendre là-bas, jamais je ne pourrais retrouver Yagan. Même si je passais des années à sa recherche, dans une aussi grande ville, je n'avais aucune chance.

Matti au moins pouvait croiser Sirkka tous les jours. Il pouvait lui dire bonjour, la regarder dans les yeux, lui sourire.

« Je vais retourner voir Caruso, euh... pardon, enfin qui tu sais, après-demain. J'emporterai ma guitare. Nous avons l'intention de jouer en duo, papotait Seppo le long du chemin. Tu peux venir avec moi si tu veux.

— Je ne sais pas jouer de la guitare, ai-je répondu, je ne sais jouer d'aucun instrument ! »

« Seigneur ! Quelqu'un a brisé le cœur de notre grande fille ! » s'est écriée Eila en me voyant en pleurs. Mouma est restée silencieuse. Mon père a levé les sourcils et ma mère m'a serrée contre elle en me consolant :

« Qu'est-ce qui t'arrive ? »

J'ai simplement secoué la tête en essayant de retenir mes larmes. Je n'aurais même pas pu expliquer pourquoi je pleurais. Parce que Helsinki était si loin ?

Je me suis dégagée de l'étreinte de maman, qui ne voulait pourtant que me réconforter, et je me suis réfugiée dans la chambre que je partage avec Oskari et Tuomo. Je me suis assise à mon bureau et j'ai écrit une lettre à Yagan. Évidemment, je n'allais pas l'envoyer ni même la lui donner. Ou alors seulement le jour où il partirait pour Helsinki. Cela m'était égal qu'il la lise une fois qu'il serait dans le train puisque, de toute façon, nous ne nous reverrions plus jamais.

9

Le virus de l'amour

Pour une fois, la fin de l'année scolaire est arrivée trop vite. Je n'ai revu Yagan qu'à la fête de l'école.

Grâce à Eila qui avait proposé à maman qu'elle lui verse son salaire avec quelques semaines de retard, j'avais pu m'acheter une robe neuve. Une robe avec des rayures jaunes et bleues sur fond blanc, dans laquelle je ressemblais un peu à une Indienne. Mais Matti n'était pas de mon avis :

« D'abord, tu n'as pas de plumes et puis les Indiennes portent des robes en cuir et non pas en coton comme celle-ci. Ne t'inquiète pas ! »

Je ne m'inquiétais pas. Au contraire ! J'aurais bien voulu ressembler à une Indienne. Je trouvais qu'une Indienne allait bien avec un garçon prénommé Yagan. Mais ce n'était pas la peine d'expliquer cela à Matti ou à qui que ce soit. C'était trop compliqué !

À la fête, Yagan était le seul garçon de la classe à porter un short. À cause de son plâtre. Tout le monde l'a accueilli très chaleureusement. Les garçons ont tapoté son plâtre pour vérifier s'il était solide et les filles ont marqué leur nom dessus et des phrases telles que : *Ne m'oublie pas ! Pense à moi !*

Moi, j'ai écrit : *Affectueusement, Leena.*

Quand nous avons entonné tous en chœur la chanson que nous avait apprise notre professeur de musique, j'ai reconnu la voix de Yagan parmi toutes les autres et j'ai pensé que bientôt, je ne l'entendrais plus.

Après, nous avons formé un cercle autour de lui. Les autres avaient appris qu'il ne reviendrait pas l'année prochaine. Ils lui ont posé tout un tas de questions sur Helsinki et sur son école là-bas. On avait soudain l'impression que tous étaient tristes qu'il les quitte, alors qu'en réalité ils ne le connaissaient guère et l'oublieraient très vite. *Les autres* l'oublieraient. Pas moi !

« Quand pars-tu à Helsinki ? ai-je cherché à savoir.

— Quand ma jambe sera guérie et que ma grand-mère sera habituée à sa maison de retraite.

— Je croyais qu'elle s'en allait avec vous.

— Elle préfère rester ici. La grande ville lui fait peur. »

Je la comprenais.

Plus tard, Yagan a invité toute la classe à une fête d'adieu qui devait avoir lieu dans son jardin. Tout le monde a applaudi. J'étais soulagée. Je le reverrais au moins une fois.

Les autres étaient tout excités. C'était la première fois que quelqu'un invitait *toute* la classe.

« Génial ! » se sont-ils écriés en échafaudant tout un tas de projets.

Seppo et Yagan joueraient de la guitare en duo, nous chanterions et il y aurait sûrement de bonnes choses à manger. Passé la première joie que me procurait l'idée d'être avec lui encore une fois, je me suis sentie triste de nouveau. En effet, après la fête, je ne le reverrais définitivement plus.

« Tes fleurs sont toujours très jolies, m'a confié Yagan, je change l'eau tous les jours.

— Ce sont les fleurs de toute la classe », ai-je précisé.

Il m'a regardée dans les yeux et m'a souri. Quand je lui ai souri à mon tour, il a eu une expression réjouie et je suis rentrée à la maison l'air radieux.

« Alors, a demandé Eila, ta robe a eu du succès ? »

La question méritait une réponse précise car c'était un peu grâce à elle que je me l'étais procurée.

« Oh oui ! me suis-je écriée. Tout le monde l'a appréciée. Y compris Sirkka, qui portait une robe en soie et qui a toujours de beaux vêtements parce que son père est directeur de banque. Un garçon m'a même confié qu'il la trouvait ravissante !

— Était-ce le bon ? » a-t-elle interrogé en faisant un clin d'œil.

En guise de réponse, je lui ai souri.

Eila était amoureuse. Elle ne nous avait rien annoncé mais nous l'avions deviné. J'avais même déjà entr'aperçu son « fiancé ». Un soir, assez tard, quelqu'un avait sifflé sous nos fenêtres. Oskari et Tuomo dormaient et j'étais moi-même couchée. Je me suis levée furtivement et j'ai regardé à travers les persiennes. Dehors, j'ai vu un homme en tenue de marin. Il scrutait la fenêtre du salon.

Peu après, Eila est arrivée habillée d'une robe très chic, avec une ceinture rouge vif et des chaussures à talons très hauts. Elle tenait à la main une petite pochette en cuir, ce qui était chez elle assez inattendu. On se l'imaginait plutôt avec un couteau de cuisine. Elle portait aussi un chapeau en raphia noir bordé d'un ruban rouge sur lequel était fixé un petit bouquet de fleurs composé de minuscules coquelicots rouges et de marguerites blanches en soie.

Eila s'est dirigée vers le garçon et l'a embrassé. D'une main, elle maintenait son chapeau sur la tête, et de l'autre, elle entourait le cou du jeune homme. Puis elle l'a écarté, a mis un doigt sur sa bouche en montrant la maison. Le marin l'a prise par la taille et ils ont disparu dans la nuit, comme les amoureux dans les films.

Le lendemain, dans la cuisine, Eila était gaie comme un pinson. Mouma s'est exclamée :

« Le virus de l'été est dans la maison !

— Quel virus ? ai-je demandé, interloquée.

— Ta grand-mère parle du "virus de l'amour" ! a expliqué Eila. Elle est la seule à ne pas être contaminée.

— Je ne le suis pas non plus ! » ai-je protesté.

Cette conversation avait eu lieu avant la visite que nous avions faite chez Yagan, Seppo et moi.

« Papa et maman sont trop vieux et ils s'aiment, ai-je ajouté. Ils ne peuvent plus tomber amoureux. »

Mouma et Eila se sont regardées.

Moi, j'ai regardé par la fenêtre. Les bouleaux avaient déjà de petites feuilles vert tendre et, sur la pelouse, les narcisses brillaient d'un jaune chaud et étincelant. Le ciel était bleu comme un champ de bleuets et notre hirondelle commençait à faire son nid.

10

Le peintre et son modèle

Quelques jours après la fête de l'école, les parents de Robert sont revenus dîner à la maison. Papa était de mauvaise humeur et maman s'affairait comme un écureuil qui aurait oublié où il a caché ses noisettes. Eila sifflait entre ses dents et Mouma émettait des sons étranges qui ressemblaient à des grognements.

« Qu'est-ce qui se passe ? ai-je demandé à Matti.

— Le peintre et son modèle sont invités. Papa ne les supporte pas, Eila se méfie de l'artiste et Mouma n'est pas contente parce que tout ce que maman a acheté pour le repas coûte beaucoup trop cher.

— Si ce n'est que ça ! »

Moi, j'avais des choses importantes à décider. Qu'allais-je mettre à la fête de Yagan ? Ma robe neuve ou un pantalon avec un pull à manches longues, à cause des moustiques qui seraient sûrement nombreux car la fête devait avoir lieu le soir, dans le jardin ? Allais-je donner la lettre à Yagan ce soir-là ? Allais-je lui demander quand il partait à Helsinki ? Pourrais-je aller à la gare ce jour-là et la lui glisser juste au moment du départ ? Ou aurais-je l'air ridicule ?

L'artiste avait apporté à ma mère une peinture représentant une orange, une banane et un citron sur une coupe. Le fond du tableau ressemblait à une étoffe rouge.

« Une nature morte ! » s'est exclamée ma mère, ravie.

Une nature morte en effet ! Les trois fruits ne manifestaient pas le moindre signe de vie ! Maman s'est confondue en remerciements et l'artiste a commencé à raconter comment il avait procédé, quelles couleurs il avait utilisées et ce qu'il avait cherché à exprimer. Puis il s'est tourné vers mon père qui n'avait pas encore parlé :

« Apparemment, l'art ne t'intéresse pas particulièrement ! Tu es musicien pourtant ! Tu devrais aimer les arts !

— Moi je fais de la musique, pas du bavardage ! » a rétorqué mon père d'un ton sec.

Ma mère est devenue toute rouge. Elle a lancé à mon père un regard furieux, puis elle s'est mise à rire en disant :

« Personne ici ne fait du bavardage. Tu devrais connaître la différence entre une discussion et du bavardage, même si tu n'as pas de talent pour la conversation ! »

Papa a inspiré une grande bouffée d'air. Il avait les narines dilatées et ressemblait à un taureau en colère. Mais il n'a pas desserré les dents.

La femme de l'artiste s'est mise à rire avec son air faussement jovial.

« Tout ça n'a pas d'importance ! a-t-elle affirmé. Il y en a qui aiment parler, d'autres pas. Nous sommes ici pour passer un bon moment ensemble ! »

Et c'est ce qu'ils ont fait.

Pendant ce temps-là, nous les jeunes, nous avons mangé dans la cuisine, avec Mouma qui n'était pas invitée non plus.

« Tu es une adulte, ai-je fait remarquer, pourquoi ne veulent-ils pas de toi ?

— Je ne veux pas d'eux non plus, a-t-elle répondu, et puis je fais partie de ceux qui ont dépassé le cap de l'âge adulte et qui se ratatinent et rapetissent. »

Les parents ont dîné dans le salon où toute trace du jardin d'enfants avait disparu. Les jouets étaient rangés dans un coffre. On avait mis la petite table et les petites chaises au premier, et notre grande table avait retrouvé sa place au milieu de la pièce. En fait, notre salle de séjour changeait d'aspect tous les jours et toutes les nuits. La nuit, c'était la chambre d'Eila ; le jour, la salle de jeux des enfants et le soir, parfois, le salon pour les invités.

De la cuisine, Matti et moi écoutions les bruits en provenance du salon où, apparemment, on riait beaucoup. Le rire de ma mère était très sonore et artificiel. J'ai dressé l'oreille, mais je n'ai pas entendu papa s'esclaffer une seule fois ni participer à la conversation. Très tard dans la nuit, j'ai reconnu des voix dans l'escalier. Mon père racontait :

« Je me demande bien ce que tu trouves à ce peintre amateur qui traverse l'existence avec une mine d'enterrement. Il ne croit pas à ce qu'il fait, sinon il n'éprouverait pas le besoin de tenir à tort et à travers des propos sur l'art !

— Tu dis cela parce que tu n'y comprends rien ! a répliqué ma mère sèchement.

— Je ne connais peut-être rien à l'art mais la psychologie des artistes, en revanche, je connais ! » a insisté papa en baissant le ton.

Moi, j'aimais bien le peintre. Plus en tout cas que sa femme avec son air perpétuellement joyeux. Mais les paroles de mon père m'ont fait réfléchir. Je ne savais pas grand-chose des êtres humains. J'ai soudain eu l'impression que les adultes portaient tous un masque. Un masque joyeux, ou triste, ou courageux, selon les circonstances. Mais un masque qui empêchait les autres de voir ce qui se cachait derrière. Et quand on ne connaissait pas le vrai visage de quelqu'un, on ne connaissait pas non plus ses vrais sentiments.

11

Tempête sur l'île

Le week-end qui a suivi ce dîner, papa, Matti et moi sommes partis sur l'île. Maman n'avait pas envie d'y aller, et Oskari et Tuomo devaient rester avec elle. Mouma ne venait plus là-bas depuis plusieurs années déjà, parce que les lits des bungalows étaient trop étroits pour elle. Eila ne voulait pas laisser son amoureux seul pendant le week-end, mais elle a trouvé un autre prétexte.

« J'ai l'habitude des grands bateaux, a-t-elle déclaré ; dans les petits bateaux à moteur, je suis malade à crever. »

Nous sommes donc partis tous les trois. Matti s'est mis à la barre et moi, je pouvais me rouler en boule au fond du bateau pour rêver ou me rendormir. Nous nous étions levés à cinq heures du matin, car papa souhaitait arriver tôt pour poser ses filets. Cette fois, il ne voulait pas se rendre sur l'île quasi déserte où nous passions habituellement nos vacances d'été.

« Cap sur Rödsö ! a déclaré papa.

— Rödsö ! s'est exclamé Matti en faisant un bond.

— Tu veux sauter à l'eau ? s'est étonné papa. Qu'est-ce qui te prend ? »

Matti s'est rassis et s'est mis à ronger ses ongles.

« Mais peux-tu m'expliquer ce que tu as contre Rödsö ? On dirait qu'il y a sur cette île une épidémie de choléra. »

J'ai secoué la tête en souriant. Je me doutais de ce qui se passait. Ce n'était pas le choléra qu'il y avait sur l'île mais la maison de vacances des parents de Sirkka.

Matti se rongeait-il les ongles parce qu'il avait peur de rencontrer Sirkka ou simplement parce qu'il ne savait pas s'il devait se réjouir ou s'inquiéter de ce qui l'attendait ? Je ne le savais pas plus que lui.

Nous avons mis les filets à l'eau et papa est allé dormir dans un des bungalows qui appartiennent à l'usine pour laquelle il travaille. Il y avait là un certain nombre de maisonnettes identiques qui étaient toutes la propriété de cette entreprise, mais aussi quelques villas privées. Les parents de Sirkka possédaient une grande maison blanche en bois que nous voyions du bateau quand nous venions pêcher sur l'île.

« Je vais aller chercher des branches de genévrier pour le feu, a dit Matti.

— Je t'accompagne ! » ai-je clamé sans réfléchir.

Mais il m'a lancé un regard plutôt dissuasif !

« Finalement, je préfère rester ici ! » ai-je déclaré docilement.

Je suis allée m'asseoir sur les rochers devant la mer. Les mouettes voltigeaient au-dessus de nos têtes. Il faisait bon.

Les petites murènes argentées et les harengs bleutés devaient commencer à s'affairer autour de nos filets. C'était un coin où nous avions l'habitude de pêcher et je ne m'étais jamais particulièrement inquiétée du sort des poissons. Mais, soudain, l'idée qu'ils luttaient pour leur survie m'a laissée songeuse, triste même.

Et j'ai pensé de nouveau à Matti.

« Mon Dieu, faites que Sirkka soit sympa avec lui s'il la rencontre. Ou alors faites qu'ils ne se rencontrent pas. »

Je ne sais pas si le bon Dieu reçoit mes messages mais, après ma prière, je me suis sentie mieux. Je suis allée chercher de l'eau à la source, j'ai préparé le café, j'ai mis le couvert, j'ai posé le pain et le beurre sur la table et j'ai réveillé papa.

« Tu ne sens pas l'odeur du café ?

— Si, si ! a-t-il répondu en s'étirant. Où est Matti ?

— Il est parti ramasser du bois. »

Papa a siroté son café en regardant la mer par la fenêtre. Il ne parlait jamais beaucoup mais ces derniers temps, son silence avait quelque chose de pesant.

J'ai fixé son dos jusqu'à ce qu'il sente mon regard. Il s'est tourné vers moi et a annoncé :

« Nous allons peut-être avoir de la tempête ! »

Puis il s'est levé, est sorti et s'est dirigé vers la côte. Je ne l'ai pas suivi. J'avais l'impression qu'il préférait être seul. Matti était parti seul dans l'espoir de rencontrer Sirkka ; Papa partait seul pour ne pas être obligé de parler. Et moi, je me suis sentie... très seule à mon tour. Aussi me suis-je mise à parler avec Yagan dans ma tête. Je pouvais tout lui raconter, l'amour de Matti pour Sirkka, le chagrin de papa, sûrement à cause du peintre ; bref, tout ce que j'avais sur le cœur. La seule chose dont je ne pouvais pas parler avec Yagan, c'étaient mes sentiments. C'est difficile d'expliquer ses propres sentiments. C'est plus facile de les chanter. Je suis allée me promener dans la forêt. Là au moins, personne ne m'entendrait. Je me suis assise dans une clairière et j'ai fredonné :

Le ciel est constellé d'étoiles
et mon cœur assailli de mille pensées.
Je ne dis à personne le chagrin
que j'ai au fond du cœur.
La forêt obscure et le ciel étoilé
sont mes seuls confidents.

Après ce couplet, je me suis sentie plus légère et je suis rentrée en chantonnant.

Matti avait rencontré Sirkka. Ses yeux brillaient. Il m'a fait un grand sourire en jetant dans le feu les quelques branches qu'il avait rapportées.

« Je n'ai pas trouvé grand-chose ! a-t-il fait remarquer en souriant toujours.

— Pas grand-chose en effet ! ai-je souligné en lui rendant son sourire.

— Il faut que j'aille ramasser des fleurs pour l'herbier de Sirkka, a-t-il déclaré. Tu veux bien aller chercher encore un peu de bois ? »

J'ai fait signe que oui et il est parti comme une flèche. En début d'après-midi, il n'était toujours pas rentré.

« Tu n'as rien imaginé de mieux pour plaire à la fille d'un directeur de banque que d'aller lui ramasser des fleurs ? » lui ai-je reproché d'un ton sec quand il est enfin revenu.

À peine avais-je fini ma phrase que j'ai regretté mon emportement. Mais c'était trop tard. Matti a regardé papa silencieusement.

« Parce qu'à ton avis on n'a pas le droit de faire un cadeau à quelqu'un sous prétexte que c'est la fille d'un directeur de banque ? » m'a répliqué papa.

J'ai haussé les épaules.

« Viens, Matti ! a-t-il déclaré. Nous allons remonter les filets. Dans le fumoir aux poissons, le feu est déjà prêt. »

Je l'ai vraiment mal pris. Car, enfin, j'avais prié pour que Sirkka soit sympa avec Matti s'ils se rencontraient. J'avais vraiment peur qu'il soit malheureux et maintenant c'était moi qui avais le mauvais rôle. Furieuse, je me suis assise devant la fenêtre en attendant qu'ils reviennent. Le vent soufflait violemment et le petit bateau se balançait au gré des vagues comme une coquille de noix. Il y aurait encore beaucoup de dégâts dans les filets. En général, c'était moi qui me chargeais de les raccommoder. Mais cette fois, je n'allais sûrement pas le proposer. S'il voulait que je participe, il faudrait que papa me le demande gentiment ! Ils ont accroché les poissons dans le fumoir et je ne les ai pas aidés.

Après, Matti est reparti sans prévenir. Papa n'a pas cherché à savoir où il allait. Moi non plus. Les filets étaient étendus devant la cheminée. J'ai commencé à réparer les endroits déchirés.

« En ce qui concerne les sentiments des autres... »

Voyant que papa ne finissait pas sa phrase, je lui ai posé une question :

« Qu'est-ce que tu voulais dire par là ?

— T'expliquer qu'il ne faut jamais se mêler des affaires des autres quand il s'agit de sentiments. Mais je sais aussi bien que toi combien il est difficile de se taire quand on croit voir les choses beaucoup plus lucidement que les personnes concernées.

— C'est aussi mon avis, me suis-je exclamée. Je peux bien te le confier. Matti est amoureux de Sirkka mais Sirkka ne s'intéresse sûrement pas à lui. Sauf quand il lui rapporte des fleurs pour son herbier ! Matti est bien trop gentil, et au bout du compte, il va être malheureux. Il ne veut pas l'admettre parce qu'il est aveugle.

— Peut-être... mais qui te fait croire qu'il désire voir ce que, toi, tu constates ou devines ? C'est peut-être un aspect de l'amour de refuser de regarder la réalité en face. Qu'est-ce que cela lui importe, à Matti, d'être malheureux demain ou après-demain ou la semaine prochaine ! Pour le moment, il est heureux. Accorde-lui cela. Surtout que tu n'es pas dans les secrets des dieux ! Tu ignores les sentiments de Sirkka !

— Oui, mais je la connais. Elle est dans ma classe.

— Tu as une image d'elle, Matti en a une autre et elle-même en a une troisième quand elle se regarde dans la glace ! »

Tout en réparant les filets, je songeais que, quoi que papa en pense, quand il s'agissait des sentiments des autres, il n'arrivait pas toujours à garder pour lui ses réflexions. C'est encore plus difficile quand on aime quelqu'un et que l'on ne voudrait pas que quelqu'un d'autre lui fasse du mal. On préfère lui en faire soi-même !

Soudain, nous avons entendu le bruit d'un moteur de bateau.

« C'est mon bateau ! » s'est écrié papa en se précipitant à la fenêtre.

C'était notre bateau en effet. Matti était à la barre.

« Il est devenu fou ! » a murmuré papa entre ses dents.

Il était tout pâle.

Les vagues étaient si fortes que, par moments, on ne distinguait plus le bateau.

« Où va-t-il ? » ai-je demandé.

Nous avons couru sur la côte et l'avons appelé. Mais il y avait tellement de vent qu'il ne pouvait pas nous entendre. Et puis, dans un bateau à moteur, on n'entend pratiquement que le moteur.

Nous sommes revenus à la maison. Papa a remis du bois dans le feu, s'est assis devant la table et, en faisant craquer ses doigts, il a regardé la mer démontée et les nuages noirs qui filaient dans le ciel.

« Tu veux que je réchauffe encore un peu de café ? »

Il a fait signe que oui. J'ai préparé du café et nous avons attendu. Nous avons attendu pendant des heures. Puis papa a commenté, comme pour lui-même :

« Comment pourra-t-il retrouver son chemin dans l'obscurité ?

— Il verra le phare, l'ai-je rassuré timidement, il connaît bien le bateau. »

Nous attendions toujours. La gorge nouée par la peur, nous ne parlions pas. D'ailleurs c'est toujours difficile d'exprimer à voix haute ce que l'on redoute au fond de soi. L'idée seule de ce qui avait pu se passer suffisait à me terrifier. Il fallait surtout le cacher. Je supposais que, si on le révélait tout haut, c'était presque comme si c'était déjà arrivé.

Mon père, lui, n'était certainement pas superstitieux. Peut-être se taisait-il parce qu'il réfléchissait à ce qu'il allait faire ? Il est sorti à plusieurs reprises. En rentrant, il a constaté chaque fois :

« Le vent est toujours aussi fort. »

Nous ne nous sommes pas allongés. Nous

sommes restés assis. Papa regardait de temps en temps sa montre en soupirant.

Enfin, il s'est levé et a annoncé :

« Je vais emprunter un bateau aux voisins.

— Où iras-tu le rechercher ?

— Partout ! »

12

Sauvetage

Nous avons enfilé nos vestes. Papa marchait devant, à grands pas, j'avais du mal à le suivre.

Les rafales s'engouffraient dans les arbres dont les cimes ployaient, les branches se balançaient dans tous les sens. On aurait dit que les arbres luttaient contre les éléments, luttaient pour leur place, pour leur vie. Les buissons et les herbes étaient couchés par le vent et les bourrasques de pluie. Les vagues se fracassaient contre les rochers comme si elles voulaient les entraîner dans les flots bouillonnants.

L'île et la mer, que j'aimais tant l'une et l'autre, se livraient un combat sans merci. Le ciel était noir, funeste. « La vie du ciel, la vie de l'eau et des plantes est cruelle, elle aussi », ai-je pensé alors.

Le vent creusait la mer qui essayait de prendre possession de la terre. Et les animaux, qui, comme mon père et moi, n'avaient pas de racines pour s'accrocher au sol, se sentaient peut-être aussi menacés et perdus que nous.

On ne distinguait plus le cri des mouettes, on n'entendait que le grondement des vagues, le hurlement du vent et le craquement des branches qui se brisaient. C'était sinistre. Mais tandis que nous avancions ainsi à travers la tempête, ce n'est pas pour nous que nous avions peur. Papa s'est tourné vers moi et m'a crié :

« Nous allons voir chez les Louhi ! »

Il n'y avait pas de sonnette à la porte. Papa a frappé et est entré sans attendre de réponse.

Les parents de Sirkka étaient assis dans la cuisine, une pièce spacieuse, avec une grande table rectangulaire en bois. Tous les deux autour de cette grande table, ils paraissaient bien petits. Un peu comme deux enfants. En les voyant, j'ai tout de suite deviné qu'ils attendaient Sirkka. Elle était partie avec Matti. Mon père aussi s'en était douté.

J-FRONTENAC

C'est pour cela que nous étions ici. Nous nous sommes assis avec eux.

« J'ai besoin d'un bateau, a déclaré papa, je vais aller les chercher.

— J'ai remonté le mien sur la rive pour qu'il ne se fracasse pas contre l'embarcadère, a expliqué le père de Sirkka, il faut d'abord le remettre à l'eau. Je viens avec vous bien sûr.

— C'est de la folie, a dit sa mère, mais il faut y aller quand même. »

Le père de Sirkka a versé à mon père une tasse de café et sa mère m'a donné un verre de lait. Puis il a mis son anorak, a attendu que mon père ait bu son café bouillant et il a ouvert la porte. Papa m'a embrassée sur le front et m'a serrée contre lui avant de partir.

« Nous allons les attendre ici toutes les deux », a commandé Mme Louhi.

Elle s'est levée et est allée devant la fenêtre. Je ne voyais que son dos. Rien de ce qu'il y avait dans la pièce ne m'intéressait. Rien d'autre que le dos de cette femme.

« Les hommes ont emporté des lampes, a-t-elle affirmé.

— Il fait toujours sombre quand il y a la tempête.

— Surtout quand le ciel est si bas ! »

Un chat gris est venu se frotter contre mes jambes. J'ai tendu la main et je l'ai caressé sans le regarder. Je ne pouvais détacher mes yeux de la fenêtre et du dos de la mère de Sirkka.

« Le moteur ne démarre pas, a-t-elle annoncé au bout d'un moment.

— On ne l'entend peut-être pas, avec tout ce vacarme dehors.

— C'est possible. »

C'est alors que nous avons distingué un autre bruit que celui du vent et des vagues. Un bruit de voix. Mme Louhi s'est retournée, la porte s'est ouverte... et Sirkka et Matti sont apparus.

Elle les a d'abord regardés, interloquée, puis elle a poussé un cri et s'est précipitée dehors.

« Qu'est-ce qu'elle a ? s'est exclamé Matti en tremblant de tous ses membres.

— Ce qu'elle a ? Elle est partie à l'embarcadère ! Papa et le père de Sirkka ont décidé d'aller à votre recherche en bateau ! »

Et soudain, sans nous concerter, nous avons couru tous les trois derrière elle jusqu'à la plage. Papa et M. Louhi étaient justement en train de hisser l'embarcation sur le sable.

Nous sommes rentrés tous ensemble chez les

Louhi. J'avais l'impression que le vent était moins fort. Papa et les parents de Sirkka aussi apparemment, car ils marchaient, comme moi, fièrement. Sirkka semblait indécise. Tantôt elle levait les yeux, tantôt elle les baissait, comme si elle n'arrivait pas à se décider. Quant à Matti, il avançait péniblement, la tête rentrée dans les épaules, trébuchant à chaque caillou qui se trouvait sur le chemin.

La mère de Sirkka nous a offert des boissons chaudes. Son mari a versé un cognac à mon père et nous, les enfants, nous avons eu droit à du jus de cassis chaud. Puis Mme Louhi a demandé à Sirkka et à Matti où ils étaient allés.

« Ce n'est pas la question, a objecté sèchement le père de Sirkka. Ce que j'aimerais savoir, en revanche, c'est comment on peut être assez inconscient pour sortir en mer par tempête. Depuis des heures, je m'acharnais à remonter notre bateau à l'abri et vous deux, vous ne trouvez rien de mieux que de vous embarquer dans un autre. Qu'est-ce qui vous est passé par la tête, vous voulez m'expliquer ? »

Ni Matti ni Sirkka n'étaient en mesure de répondre. Ils se contentaient de secouer la tête sans aucun commentaire. Matti était au bord des larmes.

« Le principal, c'est que vous soyez rentrés sains et saufs, les a rassurés la mère de Sirkka.

— Nous aussi, nous allons rentrer maintenant, a suggéré papa. La journée a été longue. »

Quand nous sommes arrivés dans notre petit bungalow, papa s'est allongé sur son lit et a fermé les yeux.

« Notre bateau est près du phare. J'ai réussi à le hisser sur la plage », a déclaré Matti.

Mais papa n'a pas réagi. Peut-être n'a-t-il même pas entendu ? Peut-être que le bateau était à ce moment-là le dernier de ses soucis. Au bout de quelques instants, il s'est mis à ronfler doucement.

Nous le connaissions. Quand il avait eu des émotions, il s'endormait. D'autres pères à sa place se seraient certainement fâchés, auraient crié, hurlé. Pas lui. Les émotions l'épuisaient.

« Tu verras demain ce qu'il pense de tout ça, ai-je prévenu. Tu t'imagines, si papa et le père de Sirkka étaient déjà partis en mer quand vous êtes revenus ? Ils auraient pu se noyer ! Qu'est-ce que tu aurais fait, si le bateau s'était retourné et s'ils étaient morts à cause de vous ?

— J'y ai songé, a répondu Matti à voix basse. Mais j'avais promis à Sirkka de l'emmener faire un tour en mer. Quand nous nous sommes embarqués, le vent n'était pas si fort. Et après, j'ai voulu lui montrer que je savais manœuvrer même dans la tempête. Et j'y suis arrivé ! a-t-il ajouté, presque fièrement.

— Et Sirkka n'avait pas peur ?

— Au début non. Seulement quand le vent a forci. Mais je lui ai dit de ne pas s'inquiéter, que j'allais me débrouiller », a poursuivi Matti en enlevant ses vêtements mouillés avant de se glisser dans son lit.

Cette nuit-là, j'ai rêvé que je traversais une haie de rosiers pour pénétrer dans un jardin. Les épines me griffaient les bras et, quand je suis arrivée dans le jardin, je me suis trouvée face à une mangouste. « Yagan ! » me suis-je écriée en me précipitant vers l'animal. Mais la mangouste s'était réfugiée dans un terrier. Quand j'ai passé la tête à l'intérieur du terrier, j'ai entendu un grondement, comme si une vague gigantesque allait en jaillir et me submerger. J'ai pris mes jambes à mon cou mais soudain, je me suis heurtée à un énorme ventre. En levant les yeux, j'ai reconnu le professeur. Il souriait d'un air moqueur.

13

La fête de Yagan

Tous les élèves de la classe n'ont pas pu venir à la fête d'adieu de Yagan. Certains passaient l'été sur une île, d'autres sur la côte ou quelque part à la campagne. Là où leur famille avait une maison ou un bungalow.

Deux grandes tables rectangulaires étaient dressées dans le jardin. Sur chacune d'elles, on avait disposé, outre les assiettes, les verres et les couverts, des bouquets de tulipes.

La mère de Yagan portait une robe à fleurs et le professeur une chemise à manches courtes et un pantalon clair. Mais il avait toujours l'allure d'un professeur. La grand-mère était assise à une table ronde avec les parents de Yagan. Elle écoutait en souriant les voix d'enfants et secouait la tête d'un air content. Mais elle ne demandait pas s'il y avait de la visite pour elle. C'était évident qu'il y avait de la visite, cela s'entendait ! Elle était vêtue d'une jupe plissée et d'un chemisier blanc. Je ne pouvais pas m'imaginer Mouma habillée comme cela. Elle n'avait pas de jupe plissée et elle ne portait que des chemisiers imprimés.

Quand le professeur et sa femme disparaissaient dans la cuisine, la grand-mère de Yagan avait l'air perdue. Je suis allée la voir, j'ai mis ma main dans la sienne en disant :

« Bonjour ! je suis Leena.

— Enchantée, a-t-elle répondu, assieds-toi. »

Je me suis assise et elle a poursuivi :

« C'est l'anniversaire d'un enfant ?

— C'est une fête.

— Gustaf a acheté des glaces ? Je lui avais donné de l'argent pour ça.

— Alors, il en a certainement acheté », ai-je assuré.

À ce moment-là, Yagan est venu vers nous et s'est installé à notre table.

« Tu vas bien, grand-mère ?

— Très bien ! Mais j'espère que les glaces n'ont pas fondu.

— Elles sont dans le réfrigérateur. Nous les servirons en dessert.

— Gustaf, je te présente Leena !

— Enchanté ! » a-t-il répondu en riant.

Ses parents ont apporté des bouteilles contenant du sirop de myrtille, deux grandes bassines avec des saucisses chaudes et de larges récipients avec différentes salades. Yagan et moi sommes allés rejoindre les autres enfants à une immense table et les parents de Yagan se sont assis avec la grand-mère. Le professeur faisait manger à la vieille dame de petits morceaux de saucisse. Tout le monde parlait joyeusement. Moi, j'étais à côté de Yagan et ne savais pas quoi dire. Quand la glace est arrivée, je lui ai demandé :

« Pourquoi as-tu tant de prénoms ?

— On m'a appelé Gustaf en souvenir du roi de Suède Gustaf IV Adolf. C'est le dernier roi de Suède qui ait gouverné la Finlande. En 1808, il a dû céder le pays à la Russie. Nikolai II a été le dernier tsar et le dernier monarque russe en Finlande. Aleksis vient de Aleksis Kivi. C'est le premier écrivain qui ait rédigé et publié ses textes en finnois.

Avant, on ne connaissait que les traductions du suédois ou du russe. Juhani Aho est un écrivain finlandais et Aaro vient de Aaro Hallaakoski. C'était un poète qui a écrit de très beaux poèmes.

— Un roi, un tsar et trois écrivains ! Ton père souhaite sûrement que tu deviennes toi aussi écrivain.

— Je ne peux pas devenir roi en effet, et les tsars n'existent plus ! Mais si mon père avait su à ma naissance que j'aimerais tant le chant, il m'aurait sûrement donné le prénom d'un chanteur.

— Mais certainement pas Caruso.

— Non, plutôt Enrico, c'était le prénom de Caruso. Et toi, tu sais pourquoi tes parents t'ont appelée Leena ?

— La question ne m'a jamais traversé l'esprit. En tout cas, il n'y a pas de reine ni de tsarine qui s'appelle Leena. Ni de princesse ni de baronne. Je ne connais aucune femme célèbre qui porte ce prénom, mais je crois que je n'aimerais pas tellement avoir le prénom d'adultes de renom. J'aurais l'impression de ne plus être une enfant.

— C'est sûrement mon père qui a choisi mes prénoms. Il n'a aucune idée de ce qu'est un enfant. Pour lui, les enfants sont comme des livres écrits dans une langue étrangère, que l'on ne peut comprendre que quand ils sont traduits.

— Tu veux dire : quand ils sont enfin devenus adultes, ai-je précisé en riant. Et ta mère ?

— Ma mère me prend pour un ange. Elle a toujours peur que je m'envole un jour dans le ciel ! Et tes parents ?

— Mon père parle aux enfants comme il parle aux adultes. Ma mère adore les enfants mais elle n'a pas beaucoup de temps pour s'occuper de nous parce qu'elle a toujours des idées géniales pour gagner de l'argent. La plupart du temps, ses idées coûtent davantage qu'elles ne rapportent. Mais elle est toujours très optimiste et très affairée. Et nous avons aussi notre grand-mère à la maison. »

Je n'ai pas insisté. Je ne savais pas quoi ajouter d'autre sur Mouma, j'avais déjà tout raconté dans ma rédaction.

« Ta grand-mère est encore valide ?

— Oui, complètement. Elle est encore capable de lire, elle entend très bien, elle discute, fait la cuisine et la vaisselle. Et elle est très lucide. Bref, on peut compter sur elle. Autant que je me souvienne, elle a toujours habité avec nous et je ne peux pas m'imaginer qu'un jour elle ne soit plus là. »

Yagan a secoué la tête sans rien dire. J'avais

l'impression qu'il me comprenait. Jamais je ne m'étais sentie aussi bien avec un garçon. Il m'a aussi raconté qu'il était fils unique et j'ai trouvé cela triste pour lui. Je lui ai parlé de Matti, d'Oskari et de Tuomo. Et aussi de nos petits pensionnaires. Mais je ne lui ai pas confié que Matti était amoureux.

L'amour que l'on ressent pour sa grand-mère ou pour sa mère, son père et ses frères et sœurs est facile à décrire. C'est quelque chose qui a toujours été là. Mais l'autre amour, quand on est amoureux, c'est quelque chose de nouveau, d'inconnu. Cela me mettait mal à l'aise, cela m'intimidait. Être amoureux, cela fait peur, c'est un peu comme quand la poitrine se met à pousser. On ne peut pas en parler.

Les autres chassaient les moustiques et commençaient à s'énerver parce qu'ils n'arrêtaient pas de les piquer. Moi, je ne les sentais même pas. Yagan non plus. Nous étions assis tranquillement, nous nous regardions parfois dans les yeux.

Puis il est allé chercher sa guitare et avec Seppo, ils ont joué et ils ont chanté. Quand ils ont entonné *Le Soir tombe, la Nuit commence*, la mère de Yagan s'est jointe à eux. Elle avait une voix merveilleuse. Après, tout le monde est rentré chez soi.

Une fois à la maison, je me suis souvenue que je voulais demander à Yagan la date de son départ. J'ai eu froid dans le dos à l'idée qu'il puisse s'en aller sans que je le revoie.

14

Le marin d'Eila

Matti avait toujours chanté faux. Mais en descendant au port ce matin-là, il avait le cœur si débordant d'allégresse que mes oreilles n'ont pas été épargnées. Il a entonné la même chanson pour la troisième fois :

« Dans la vallée, une rose est née,
si belle, si ingénuuuue,
un randonneur l'a aperçuuuuue
et n'a jamais pu l'oublier.
Il eût tant aimé la cueilliiiiiir,

et la serrer contre son cœur,
mais trop timide devant la fleur,
il la laissa là-bas mouriiiir. »

« Matti ! Arrête ! Tu me casses les oreilles ; en plus, les roses ont des épines et celle-ci t'aurait sûrement griffé le cœur ! »

J'aurais pu lui raconter, bien sûr, que la rose était la fleur préférée de Sirkka et que, quand nous étions sur l'île, j'avais même rêvé d'une haie de roses, mais j'ai pensé que, pour Matti, il valait mieux éviter de parler de l'élue de son cœur.

« Eila est vraiment folle », a-t-il déclaré soudain d'une voix tout à fait normale.

J'ai haussé les épaules. Je ne voulais pas faire de comparaisons. J'avais déjà constaté que tous les gens changent quand ils sont amoureux. Quel que soit leur âge. Quand on est jeune, à douze ou quatorze ans, comme quand on est déjà plus vieux, à trente-quatre ou quarante ans. Et cela ne me surprenait pas qu'Eila nous envoie trois fois par semaine au port voir si le bateau sur lequel travaillait son amoureux était arrivé. Elle n'avait pas le temps d'y aller elle-même et nous, nous étions en vacances.

« Je parie qu'il l'a laissée tomber ! a déclaré

Matti ; si ça se trouve, il ne va même pas revenir dans ce port-là !

— Pourquoi veux-tu qu'il la laisse tomber s'il l'aime ?

— Pourquoi veux-tu qu'il l'aime ? Elle n'est pas belle et elle n'est plus très jeune !

— Mais Eila est une vraie copine.

— Des copains, il en a assez sur le bateau.

— Oui, mais eux, il ne peut pas les embrasser, ai-je rétorqué en pouffant de rire car je venais de me figurer l'amoureux d'Eila sur le pont du bateau en train d'embrasser tous les marins comme il avait embrassé Eila devant chez nous.

— Qu'est-ce qu'il y a de drôle ? a demandé Matti. Tu n'as encore jamais embrassé personne !

— Si ! Toi, maman, papa, Mouma, Oskari et Tuomo, et Musti et d'autres chiens encore. J'embrassais aussi notre lapine avant qu'elle ne mange ses petits. Maintenant, c'est fini, je ne l'embrasse plus.

— Je parle d'embrasser vraiment ! Pas comme ça ! » m'a lancé Matti d'un air méprisant.

Le bateau était dans le port. J'ai fait une ronde autour de Matti en chantonnant :

« Tu vois ! Tu vois ! Il ne l'a pas oubliée !

— Pour le moment, je ne vois que le navire », a répondu Matti, toujours sceptique.

Il avait raison et j'ai commencé à m'inquiéter. Si le bateau n'avait pas été à quai, nous n'aurions pas pu ramener de bonnes nouvelles à Eila, bien sûr, mais s'il était là sans son amoureux, ce que nous aurions à lui dire serait terrible. J'ai glissé ma main dans celle de Matti.

« Arrête ! a-t-il grogné, tu n'es plus un bébé. »

Il était nerveux, lui aussi. Il aimait beaucoup Eila. Nous l'aimions tous. Nous aimions sa voix rauque, sa manière de rouler les cigarettes, ses reparties et sa bonne humeur. Nous aimions sa démarche alerte, son sourire futé et son tempérament de battante. Nous ne voulions pas qu'un quelconque marin vienne briser le cœur de notre courageuse amie.

Nous sommes allés sur le quai et nous avons observé le pont où les marins étaient occupés à décharger les marchandises. Quelques-uns nous ont fait des signes auxquels nous avons répondu.

Nous ne voyions pas l'amoureux d'Eila. Moi, je ne l'avais aperçu qu'une seule fois, la nuit, et encore, de dos ! Il était en train d'embrasser Eila ! Matti l'avait rencontré une fois dans la rue avec elle mais il n'avait pas fait particulièrement attention à lui. Heureusement, je connaissais son nom. J'ai mis mes mains devant ma bouche, en forme de haut-parleur, et j'ai crié en direction du pont :

« Y a-t-il quelqu'un là-haut qui s'appelle Eero ? »

Matti m'a donné deux coups de poing dans les côtes. Apparemment, il n'appréciait pas ma méthode.

Un homme est apparu sur le pont inférieur.

« C'est moi !

— C'est lui ? ai-je murmuré à Matti.

— Je n'en suis pas sûr ! a-t-il chuchoté.

— Qu'est-ce qu'il y a ? a repris l'homme.

— Ah, rien ! ai-je crié. Je ne suis pas sûre que tu sois le bon ! »

Tous les marins autour de lui ont éclaté d'un rire sonore.

« En tout cas, toi, tu me parais un peu jeune pour moi, m'a lancé l'homme.

— Je sais, ai-je rétorqué. Ce n'est pas pour moi, c'est pour Eila.

— Pour Eila », ont scandé les marins en riant de plus belle.

Moi, je trouvais leur comportement bien enfantin, pour des hommes qui avaient fait le tour du monde.

« Attends ! » s'est écrié l'homme.

Nous avons attendu et nous l'avons vu descendre sur la passerelle du bateau.

Il était moins jeune que je pensais et son visage avait, en plus des rides, quelques cicatrices. Il avait la peau très bronzée, comme s'il revenait d'Afrique.

« Tiens ! nous a-t-il lancé en offrant à Matti un superbe coquillage et à moi une étoile de mer. Et la lettre est pour Eila ! »

Il m'a tendu une feuille de papier pliée en quatre.

« Embrasse-la de ma part !

— Tendrement ?

— Tendrement ! » a-t-il répondu en souriant avant d'aller rejoindre ses camarades.

Nous n'avons pas lu la lettre. J'en avais envie mais Matti a soutenu que nous n'en avions pas le droit. Puis il a eu à son tour envie de la lire. Mais cette fois, c'est moi qui ai réagi en m'interposant :

« Non ! Nous n'avons pas le droit ! »

Quand nous l'avons remise à Eila, elle nous a lancé en riant :

« Curieux comme vous êtes, vous l'avez sûrement lue ! »

Matti et moi, nous nous sommes regardés. Nous

avons soupiré et nous lui avons tourné le dos sans rien dire. Nous n'avions pas mérité cela ! Elle pouvait bien penser ce qu'elle voulait. Nous n'éprouvions nullement le besoin de nous défendre contre des accusations sans fondement. Mais Eila nous est tombée dessus en nous serrant dans ses bras de toutes ses forces.

« Vous savez ce qu'il m'écrit ? » s'est-elle écriée.

J'ai regardé Matti, il m'a regardée et nous avons répondu :

« Non, nous ne le savons pas !

— Il écrit... il écrit, a-t-elle bafouillé, bref, peu importe ce qu'il écrit. Il m'aime. »

15

Comment écrire une lettre d'amour

J'avais téléphoné à Yagan et je connaissais maintenant la date de son départ pour Helsinki.

J'avais deux jours pour rédiger une nouvelle lettre, la corriger et la recopier. Je ne savais pas si j'allais aussi lui joindre un dessin. Devais-je préférer une grande lettre ou un petit mot ? J'aurais dû lire celle qu'Eero avait envoyée à Eila, cela m'aurait donné des idées. C'était sûrement une vraie lettre d'amour.

J'hésitais aussi à composer un poème. C'est très beau, un poème, mais c'est difficile. Surtout les poèmes qui riment. Une chose me rassurait dans tout cela. Il ne montrerait pas ma lettre à son père. Il n'avait rien raconté à propos de Seppo. Yagan était quelqu'un qui savait garder un secret.

« Qu'est-ce que tu écrirais à quelqu'un dont tu es amoureuse ? ai-je demandé à Eila.

— Je lui avouerais ça, pardi "que je suis amoureuse" ! » a-t-elle répondu en riant.

Depuis que son amoureux était revenu, Eila n'arrêtait pas de rire. Mais elle n'arrivait pas à communiquer sa gaieté à ma mère qui avait l'air très abattue. Je me demandais si les visites du peintre et de sa femme lui manquaient. Peut-être aurait-elle aimé que le peintre vienne la voir seul ! Elle dévisageait son fils avec beaucoup de douceur. Mais cela ne voulait rien dire : maman regardait tous les enfants tendrement. Même si elle ne pensait pas, comme Mme Louhi de Yagan, qu'ils étaient des anges. Peut-être qu'elle s'imaginait que le peintre était un ange. Je n'en savais rien. En tout cas, ce n'était pas auprès d'elle que j'allais apprendre en ce moment comment on écrivait une lettre d'amour.

Les conseils d'Eila ne m'aidaient guère. Je n'allais pas lui avouer : « *Je suis amoureuse de*

16

« Des poissons à la peau dorée »

Mardi matin, à six heures et demie, papa m'a secouée pour me réveiller.

« Mes filets sont pleins comme ceux de saint Pierre dans la Bible !

— Génial ! ai-je dit en me tournant de l'autre côté.

— Hé, ne te rendors pas ! a-t-il repris en me secouant de plus belle.

— Qu'est-ce qu'il y a ?

— J'ai besoin de toi au marché !

— Demande à Matti !

— J'ai besoin de vous deux ! Il faut que j'aille sur l'île pour fumer une partie de la pêche. Vous, vous vendrez les poissons frais au marché et je vous apporterai les harengs fumés plus tard. Ils sont déjà dans le fumoir. Nous allons faire des affaires ! »

Il était vraiment content. Il m'a fait un grand sourire et est allé réveiller Matti en sifflant. Matti n'allait certainement pas apprécier de se lever si tôt et de devoir passer toute la journée au marché.

Moi, les réveils matinaux ne me dérangeaient pas. Ce dont j'avais horreur en revanche, c'est de vendre des poissons. Ils étaient visqueux, sentaient mauvais et il fallait les envelopper dans du papier, ce qui n'était pas facile. Les écailles restaient collées sur les mains et on avait beau se frotter au savon après, on gardait l'odeur sur soi. Moi, j'avais encore l'impression d'empester le poisson deux jours après le marché. Et il fallait justement que je fasse cela aujourd'hui, la date du départ de Yagan ! Mais comment l'expliquer à papa ?

Il a passé la tête par la porte de la chambre pour voir si j'étais levée. Je me suis habillée en vitesse et je suis descendue dans la cuisine. Papa avait sorti trois tasses et préparé le café. Les jours où nous l'accompagnions au marché, papa nous servait du café. Matti était assis à table, les yeux à moitié fermés.

« Aujourd'hui, je *ne* peux *pas* ! ai-je annoncé soudain.

— Et pourquoi pas ? s'est étonné papa.

— Parce que je *dois* me rendre à la gare !

— Tu pars en voyage ? a-t-il plaisanté.

— Je veux aller dire au revoir à un camarade de classe qui s'en va. Pour toujours !

— Pour toujours ? a-t-il répété en fronçant les sourcils. Et quand part-il, ce camarade ?

— Ce soir, à six heures cinq !

— Pas de problèmes ! À cette heure-là, tous les poissons seront vendus, les frais et les fumés ! Et tu auras le temps de te changer et de lui acheter un bouquet de fleurs !

— C'est ça, a ricané Matti, achète-lui un bouquet de fleurs ! »

Je l'ai foudroyé du regard mais il n'est pas tombé raide mort. Il s'est levé et s'est étiré en bâillant longuement.

Une demi-heure plus tard, nous étions sur le marché. Les marchands de légumes dressaient leurs étals, les fleuristes arrivaient dans leurs camionnettes et les poissonniers servaient déjà les premiers clients. Papa est allé prendre la table et les deux chaises pliantes dans la voiture, j'ai coincé le rouleau de papier marron sous mon bras et Matti s'est chargé de la balance. Nous nous sommes installés dans la rangée qui se trouve juste au bord de la rivière. Papa et Matti sont allés chercher les caisses dans notre bateau stationné près de l'embarcadère du marché.

Les pêcheurs commentaient les prises de la nuit. L'un d'entre eux avait capturé un énorme saumon et s'est fait photographier avec, avant de le vendre. Papa avait trois caisses en bois pleines de petits harengs et une quatrième contenant de grosses perches.

« Qu'est-ce que tu en dis ? s'est-il vanté d'un air triomphant.

— Fantastique ! Et combien allons-nous les vendre ?

— Les harengs cinq francs le kilo et les perches dix francs, elles sont belles ! »

Puis il est reparti sur son bateau.

« Zut ! me suis-je écriée. Il a oublié de nous laisser de la monnaie ! »

Mais il y avait pensé. Il avait mis son vieux porte-monnaie dans la poche de Matti. Le porte-monnaie pour le marché, celui qui sentait plus le poisson que le cuir. Les plus belles pièces sont parties très vite. Nous avions l'habitude. Ce n'était pas la première fois que mon frère et moi nous allions au marché. On ne s'inquiétait pas quand les clients passaient devant nous pour aller comparer à un étal voisin un brochet, une belle murène, un sandre ou une brème. Les poissonniers faisaient de la réclame pour leur marchandise :

« Des brochets superbes ! Des sandres magnifiques ! Des murènes comme on n'en voit pas ! Des brèmes pour tous les repas ! »

Et ainsi de suite.

« Pourquoi ne cries-tu pas : “Venez voir mes perches extra ?” ai-je suggéré à Matti.

— Tu peux crier si tu veux, moi, je reste tranquille ! » a-t-il répondu en s'installant sur une des chaises pliantes, les jambes allongées et les yeux fermés.

Un homme s'est arrêté devant notre étal et a regardé les perches, puis Matti.

« Il est fatigué, ton frère ?

— Il a la maladie du sommeil. Nous vendons des poissons au marché pour pouvoir le mettre dans un sanatorium où il pourra dormir en paix toute sa vie. Car, hélas ! sa maladie est incurable.

— Et ma sœur a la maladie de la parlote, a enchaîné Matti en ouvrant un œil. On ne peut, hélas ! la guérir qu'en lui clouant le bec avec un hareng !

— Tiens, tiens ! Eh bien, donne-moi deux kilos de perches ! »

Matti a emballé huit poissons dans le papier.

« Tu es sûr que cela fait bien deux kilos ? a-t-il demandé.

— Presque pile, a annoncé Matti en mettant les poissons sur la balance, un kilo et neuf cent cinquante grammes ! Cela ira comme ça ? »

En riant, l'homme a fait signe que oui. Il a payé et a emporté sa marchandise.

« Bien joué ! » s'est félicité Matti.

Trois heures plus tard, nous avions vendu presque tout notre stock, quand papa est arrivé avec trois caisses de harengs fumés. Il a gardé l'étal pendant que Matti et moi allions chercher du café, du chocolat et des « petits cochons ». Les « petits cochons », ce sont des viennoiseries en forme de cochons. Les « petits cochons » que l'on mange avec les doigts après avoir vendu des poissons ont un goût de croissants aux poissons.

Papa est reparti ranger le bateau que l'on n'a pas le droit de laisser devant l'embarcadère du marché.

J'étais contente que nous ayons écoulé la marchandise si vite et j'espérais en finir bientôt avec le reste.

« Tu n'as qu'à crier quelque chose de drôle, si tu veux que les gens nous remarquent, a suggéré Matti.

— Tu es fou ! »

Mais j'ai quand même crié :

« De beaux poissons aux écailles d'argent, des poissons à la peau dorée, des poissons rayés vert et rouge, des poissons avec ou sans arêtes !

— Tu trouves cela drôle ? Des poissons avec ou sans arêtes, ça veut dire quoi ? »

J'ai éclaté de rire mais soudain je me suis figée. Le père de Yagan et sa femme s'avançaient vers notre étal. Ils souriaient.

Moi je ne souriais pas. J'avais honte.

« Bonjour, Leena ! Je voudrais un kilo de poissons à la peau dorée », a dit la mère de Yagan.

J'ai attrapé les poissons qui me filaient entre les doigts, alors que normalement les harengs fumés ne glissent pas.

« Laisse-moi faire ! a suggéré Matti en me poussant un peu.

— Nous nous reverrons à la gare, n'est-ce pas ? » a demandé le professeur.

J'ai fait un signe de tête en guise d'assentiment

et j'ai soudain senti des larmes couler sur mes joues. Matti m'a donné une tape dans le dos avec sa main poisseuse, comme si j'étais un bébé qui devait faire son rot, et il a déclaré :

« Ne pleure pas ! Il reste quelques harengs à la peau dorée ! Tu pourras les emballer toi-même. »

17

Faux départ

Ils devaient prendre le train de dix-huit heures cinq. À cinq heures de l'après-midi, j'étais au milieu de ma chambre, avec ma robe d'été qui me faisait ressembler à une Indienne. J'avais les cheveux tout propres et mes mains sentaient le citron.

Ma lettre était devant moi, sur mon bureau. Je l'ai décachetée une fois de plus pour la relire. Puis je l'ai mise dans une nouvelle enveloppe. À peine l'avais-je fermée que de nouveaux doutes m'assaillaient. Avais-je bien écrit ce que je voulais exprimer ? N'en avais-je pas un peu trop dit ?

N'avais-je pas révélé quelque chose que je voulais garder secret ? Et s'il trouvait ma lettre ridicule ? S'il se moquait de moi ? Peut-être même l'avait-il déjà fait quand son père lui avait raconté ce que je criais au marché pour attirer les clients. J'ai glissé la lettre dans ma poche en soupirant et je me suis levée.

Sur le chemin de la gare, je me suis surprise à rêver que je partais. Ma mère, mon père, Mouma, Matti, Oskari et Tuomo m'accompagnaient. Dans mon rêve, j'étais plus vieille. Peut-être dix-huit ou dix-neuf ans. Mais les autres n'avaient pas changé. Maman, papa et Mouma avaient le même âge que maintenant. Et Matti, Oskari et Tuomo étaient eux aussi exactement comme je venais de les quitter quelques minutes auparavant.

Mais en réalité, je n'avais pas dix-huit ou dix-neuf ans. Je n'avais que treize ans et j'avais peur. Peur que ma poitrine pousse, peur de ressembler à une jeune fille. Peur que l'on se moque de moi. Peur de devoir vendre des poissons. Peur de ce que l'on pensait à mon sujet, de mon physique, de ce que je disais. Mais par-dessus tout, j'avais peur que Yagan se moque de moi.

J'ai fait demi-tour. Je suis rentrée à la maison, j'ai enlevé ma robe et je me suis allongée sur mon lit.

J'avais soudain mal partout, je me sentais lasse, lourde, comme si j'avais passé toute la journée à réparer les filets de papa.

Alors que j'avais seulement vendu quelques poissons.

18

Un été mélancolique

Les journées d'été m'ont paru très longues. À cause du jardin d'enfants de maman, nous ne pouvions pas passer nos vacances comme d'habitude sur l'île. Parfois, papa partait quelques jours à Rödsö pour pêcher. Je n'avais pas envie de l'accompagner. Je préférais rester en ville, sans savoir au juste pourquoi. Au début, Matti allait avec lui. Mais quand Sirkka la rose est partie en Suède avec ses parents, il n'a plus eu envie de le suivre et papa a continué de s'y rendre seul.

Un soir, le peintre est venu nous voir. Ou plutôt

voir maman. Ils sont allés discuter dans le salon. Eila était partie se promener avec Eero. J'étais dans la cuisine avec Mouma et j'essayais d'engager la conversation. Elle cousait l'ourlet d'un foulard et n'était pas très bavarde. J'avais l'impression qu'elle était plongée dans ses pensées.

« Qu'est-ce qu'il veut ?

— Qui ? a-t-elle demandé tout en sachant exactement de qui je parlais.

— Le peintre ! ai-je répondu puisque apparemment elle voulait des précisions.

— Ce n'est pas moi qui l'ai invité ! a-t-elle bougonné.

— Quand on aime déjà un homme, on ne peut pas tomber amoureuse d'un autre homme ?

— Et pourquoi pas ?

— Le cœur n'est pas une boîte aux trésors dans laquelle on peut mettre plusieurs butins. »

Elle a souri.

« On peut mettre beaucoup de choses dans un cœur ! a-t-elle ajouté doucement. Mais on devrait garder la tête froide et ne pas s'encombrer de tout un tas d'affaires inutiles !

— Que veux-tu dire ?

— Je me comprends ! a poursuivi Mouma en cassant son fil avec les dents.

— Si maman tombait amoureuse d'un autre homme, je ne le lui pardonnerais jamais !

— Crois-tu ? Mais l'amour ne prévient pas quand il arrive ! Il voltige au gré du vent, comme les "plumes" de pissenlit qui se dispersent dans tous les sens. Quand il rencontre une terre propice, il germe. Ce n'est la faute de personne. Peux-tu accuser le vent ? Ou la fleur ? C'est la même chose avec les humains. Tu n'as rien à pardonner. Tu n'as rien à voir avec cela. Que savons-nous de l'amour toutes les deux ? Moi, je suis trop vieille et toi, tu es trop jeune !

— Je ne suis pas trop jeune ! Je sais ce que c'est que l'amour !

— Alors, c'est bien ! » s'est-elle contentée d'ajouter.

Je lui aurais bien raconté que rien n'était bien, mais je ne l'ai pas fait. Les adultes pensent toujours que, pour les enfants, tout est un jeu d'enfants. Ils ne peuvent pas comprendre que nous puissions être vraiment amoureux. Mouma non plus, malgré son âge.

Le lendemain, le fils du peintre n'est pas reparu. Ni le jour suivant.

« Robert est malade ?

— Non ! Il ne viendra plus ! » a-t-elle déclaré d'un ton sec.

Elle avait un air tellement fermé que je n'ai pas insisté. En fin d'après-midi, j'ai remarqué qu'elle avait décroché la toile du peintre et remis à la place le tableau qui s'y trouvait avant et qui représentait une forêt de sapins et de bouleaux. Le soir, quand papa est rentré, il a tout de suite noté le changement. Il a mis la main sur l'épaule de maman en commentant :

« Je préfère ce tableau-là. Les fruits exotiques que l'on ne peut s'offrir dérangent, tandis que les sapins et les bouleaux nous sont familiers.

— Oui, a soupiré maman. Sauf que l'on n'a même pas besoin de les accrocher au mur, il suffit de regarder par la fenêtre pour en profiter !

— Tu verras. Pendant les longues soirées d'hiver, sombres et grises, on est content de contempler du vert sur les bouleaux qui sont au mur. »

À la fin de la semaine, papa et maman sont partis tous les deux sur l'île. Papa n'a pas emporté les filets. Ils ne voulaient pas travailler, ils voulaient se reposer.

Et puis Eila nous a quittés. Elle avait les larmes aux yeux en nous apprenant qu'elle allait partir. Je ne sais pas si elle pleurait de bonheur ou parce qu'elle était triste. Il y avait peut-être un peu des deux. Elle allait reprendre son travail de cuisinière sur un bateau. Sur le même navire qu'Eero ! Eila portait une bague à l'annulaire. Elle était fiancée. Nous l'avons félicitée et maman a invité Eero à dîner à la maison.

Cette fois-ci, les enfants seraient de la fête. Maman et moi avons décoré la table avec des marguerites et des coquelicots. J'ai plié les serviettes en forme de voiliers et j'ai disposé une pâquerette sur chacune d'elles. Eila n'avait pas le droit de regarder et c'est maman et Mouma qui se sont chargées de la cuisine. Au menu, il y avait de la viande à l'aneth, des pommes de terre nouvelles, une salade de concombres et, en dessert, de la glace au nougat avec des fraises.

En voyant la salle à manger décorée, Eila s'est mise à pleurer.

« C'est si joli ! on dirait un repas de fiançailles !

— Mais c'en est un, a répliqué maman, tu portes déjà la bague ! »

Nous avons passé une soirée formidable. Eero nous a raconté de véritables histoires de marins et Eila n'arrêtait pas de mettre des disques.

Papa a dansé avec maman, Eila avec Eero, et moi

avec Oskari et Tuomo. Matti n'a pas bougé. Pour lui, il n'y avait sans doute qu'une seule personne au monde avec laquelle il aurait aimé se trouver, et elle s'appelait Sirkka. Mouma sirotait son café. Elle avait les deux pieds bien sur terre et restait dans son coin, mais parfois elle remuait la tête au rythme de la musique et elle nous regardait comme si elle tentait de faire ressurgir quelque chose, quelque chose d'enfoui au plus profond d'elle.

19

Tomber amoureux

Il m'arrivait de passer devant la maison de la grand-mère de Yagan. Elle ressemblait maintenant à une maison abandonnée. Il y avait toujours des rideaux aux fenêtres mais on sentait que plus personne ne vivait là. Les pommiers étaient en fleur et je me demandais qui récolterait leurs fruits à l'automne. Une fois, je suis entrée dans le jardin et j'ai cueilli un pied d'alouette. J'ai longtemps gardé la fleur dans un vase sur mon bureau.

Depuis le départ d'Eila, j'aidais maman au jardin d'enfants. En général, il ne venait que deux enfants car, pendant les vacances, les gens gardaient leurs bambins chez eux. Je jouais avec ceux qui étaient là. Maman faisait la cuisine et Mouma arrosait les plantes du jardin. Souvent elle leur parlait et les fleurs proliféraient, multicolores.

Matti passait la plupart de son temps avec ses copains et fréquentait régulièrement son club de boxe. Nous avions cru pendant une période qu'il allait arrêter ses entraînements.

Je n'avais pas encore revu Sirkka en ville. Laura venait me rendre visite de temps à autre. Parfois nous allions au cinéma. D'autres fois, nous restions bavarder dans le jardin et nous admirions les soucis et les giroflées de Mouma.

Un jour elle m'a confié :

« Je suis amoureuse de Seppo !

— Je m'en doutais, tu lui as parlé de notre langage secret !

— Et toi, tu es aussi tombée amoureuse de quelqu'un ?

— Tombée amoureuse ! Comme on tombe malade ? C'est idiot comme expression. Je ne suis pas "tombée" ! L'amour n'est pas une chute.

— Alors, tu es amoureuse ou pas ? »

Je lui ai fait signe que oui. Elle n'a pas posé d'autres questions. Elle me connaissait et elle savait que, si j'avais quelque chose à raconter, je ne me faisais pas prier. Mais je n'avais rien à lui confier.

Sauf que ma poitrine poussait, peut-être. Cela ne se voyait pas beaucoup, mais moi, je le sentais. J'avais même l'impression qu'elle avait gonflé d'un coup. J'espérais seulement qu'elle n'allait pas grossir encore plus. D'ailleurs, je ne mangeais plus de glaces car je pensais qu'elles avaient de l'influence sur les seins.

« Ne rentre pas la poitrine comme ça, m'a prévenue maman, tu ne peux plus respirer !

— Je n'ai pas envie qu'on la remarque !

— Mais tu es une fille !

— Et alors ! Tout le monde n'est pas obligé de le voir ! »

Elle m'a caressé les cheveux en souriant.

« Évidemment ! Mais tout le monde ne le voit pas, tu sais. La poitrine pousse tout doucement, nul ne s'en rend compte. Avec le temps, tu t'y habitueras. »

Ces petits ronds au bout des seins me gênaient car, à travers les chemisiers d'été transparents, ils se devinaient. Chaque fois que je pouvais, je croisais les bras pour les cacher.

Et un jour, la lettre est arrivée.

Elle était sur la table de la cuisine quand je suis entrée. Mouma m'a annoncé :

« Tu as du courrier ! Une lettre de la capitale ! C'est peut-être le professeur qui t'écrit ! »

Je l'ai prise et je suis sortie de la maison. Je voulais la lire dehors, à ciel ouvert. Je me suis assise au bord d'une prairie et j'ai contemplé les pensées sauvages, le trèfle et les boutons d'or avec beaucoup d'intérêt, comme si je les découvrais pour la première fois. Puis j'ai retourné l'enveloppe et j'ai lu le nom de l'expéditeur.

Juhani Rantala.

C'était une lettre de Yagan. Je l'avais deviné avant même d'avoir lu son nom. Qui d'autre aurait pu m'écrire de Helsinki ? Je ne connaissais personne là-bas. Que lui !

J'ai décacheté la lettre avec beaucoup de précautions.

Chère Leena,

Ainsi, tu n'es pas venue à la gare ! Le train avait pourtant dix minutes de retard. Il est parti à six heures et quart. Nous allons passer tout l'été à Helsinki parce que mon père n'aime pas tellement partir en vacances. Il préfère travailler.

J'ai trouvé un livre dans lequel on parle du prénom Leena. Cela vient de Magdalena en hébreu, qui veut dire « l'enfant désiré ». C'est un joli nom ! À propos, je ne trouve pas Yagan très joli. Tu ne préfères pas m'appeler Juhani ?

Au mois d'août, maman va rendre visite à ma grand-mère qui vit maintenant dans une maison de retraite. Je dois l'accompagner. La maison de retraite se trouve tout près de chez vous. Nous pourrions nous rencontrer, si tu veux. Dans le livre sur les prénoms, j'ai lu aussi que les Leena sont très fidèles. C'est vrai ?

Je t'embrasse.

Ton ami JUHANI.

P.-S. Je crois que je suis amoureux de toi.

J'ai cueilli un bouton d'or et je l'ai respiré comme si c'était une rose. Puis je me suis allongée dans l'herbe et j'ai regardé le soleil avec gratitude, comme s'il ne brillait que par amour pour moi. Mes pensées vagabondaient. Moi qui avais cru qu'il ne voulait pas entendre parler de moi ! Il avait cherché dans un livre l'origine de mon prénom ! Il allait venir ! Les Leena étaient fidèles. Et il n'aimait pas qu'on l'appelle Yagan ! Il pouvait s'appeler autrement. Il pouvait même s'appeler Gustaf, Nikolei,

Aleksis, Juhani, Aaro. Cela m'était égal, du moment que je pouvais l'appeler !

Par n'importe quel nom.

Il allait venir en août.

Je suis rentrée à la maison en courant.

« Maman ! Maman ! me suis-je écriée en arrivant. Je peux aller m'acheter une glace ?

— Je croyais que tu n'en mangeais plus ?

— Pourquoi donc ? Ah oui ! Mais maintenant, ça n'a pas d'importance que ma poitrine pousse ! Il n'y a pas de mal à être une fille ! »

Maman et Mouma se sont regardées et ont souri.

Puis maman s'est dirigée vers le tiroir de la cuisine où se trouve le porte-monnaie des courses et elle m'a donné une pièce. Je suis partie en chantonnant. J'ai fredonné tout le long du chemin :

« Qui es-tu, jeune fille ?
Es-tu la fille du roi ?
Es-tu la fille du roi ?
Es-tu la fille du roi ? »

J'avais toujours sa lettre dans la main. Je l'ai gardée sur moi jusqu'au soir. Puis je l'ai posée sur mon bureau. J'allais lui répondre tout de suite.

Je me suis assise à mon bureau et j'ai écrit.

Je songeais combien il est étrange que quelqu'un qui se trouve à plus de quatre cents kilomètres soit pourtant si proche. C'était un peu comme s'il était assis près de moi. Je pouvais le sentir, voir son visage. Quand j'ai relu sa lettre, j'ai même entendu sa voix.

Il chantait une chanson d'été.

Marjaleena Lembcke

Marjaleena Lembcke est née en 1945 en Finlande, où elle a fait des études de théâtre, avant de partir en 1967 suivre des cours de peinture à l'Académie des beaux-arts de Münster. Avec son mari et son fils, elle vit toujours en Allemagne où elle a publié plusieurs romans pour les enfants et pour les adultes, d'abord écrits en finnois puis en allemand. Mais c'est avant tout dans sa jeunesse finlandaise qu'elle trouve son inspiration.
L'été où tout le monde est tombé amoureux est son premier livre publié en France. Il a également été traduit en flamand et en italien.

TABLE

Composition JOUVE – 53100 Mayenne
N° 322633n
Imprimé en France par HÉRISSEY - 27000 Évreux
Dépôt imprimeur : 94564 – Éditeur : 32725
32.10.2137.1/01 - ISBN : 2.01.322137.1
Loi n° 49-956 du 16 juillet 1949 sur les publications destinées à la jeunesse
Dépôt légal : juin 2003